Dina Pulicicchio

VORREI RACCONTARTI UNA STORIA

Titolo | Vorrei raccontarti una storia
Autore | Dina Pulicicchio
Illustrazione di copertina a cura dell'autore
ISBN | 978-9-090-29918-1

© Tutti i diritti riservati
Nessuna parte di questo libro può essere riprodotta senza il preventivo assenso dell'Autore e dell'Editore.

Dedico questo libro a mia figlia, alle mie nipoti e ai giovanissimi, affinché non si dimentichi il passato.

La storia che mi appresto a raccontare parla di fatti realmente accaduti.

Racchiude scorci della guerra di liberazione, dell'emigrazione e dei grandi sacrifici che hanno costellato la vita di una semplice contadina dell'Italia meridionale. Mi riferisco ad una donna umile e buona che con il suo esempio ci ha insegnato molto, la mia mamma Adeva Maria.

Ci vuole così poco
Angiolo Silvio Novaro

Ci vuole così poco
a farsi voler bene,
una parola buona
detta quando conviene,
un po' di gentilezza,
una sola carezza,
un semplice sorriso
che ci baleni in viso.
Il cuore sempre aperto
per ognuno che viene:
ci vuole così poco
a farsi voler bene.

Questa è una delle diverse poesie tratte dal volumetto di Angiolo Silvio Novaro, tanto amate dalla mia mamma e che voglio ricordare in questo libro. La sua opera poetica, è stata presente sui sussidiari che generazioni di scolari italiani dovettero imparare a memoria. Egli è un poeta d'ispirazione verista che ha celebrato la natura e la primavera e che ha descritto con abilità ed ingegno la vita familiare e le piccole cose quotidiane.

I DONI

*Primavera vien danzando
vien danzando alla tua porta.
Sai tu dirmi che ti porta?
Ghirlandette di farfalle,
campanelle di vilucchi,
quali azzurre, quali gialle;
e poi rose, a fasci e a mucchi.
E l'estate vien cantando,
vien cantando alla tua porta:
Sai tu dirmi che ti porta?
Un cestel di bionde pesche
vellutate, appena tocche,
e ciliegie lustre e fresche,
ben divise a mazzi e a ciocche.
Vien l'autunno sospirando,
sospirando alla tua porta.
Sai tu dirmi che ti porta?
Qualche bacca porporina,
nidi vuoti, rame spoglie,
e tre gocciole di brina,
e un pugnel di foglie morte.
E l'inverno vien tremando,
vien tremando alla tua porta.
Sai tu dirmi che ti porta?
Un fastell d'aridi ciocchi,*

un fringuello irrigidito;
e poi neve neve a fiocchi
e ghiacciuoli grossi un dito.
La tua mamma vien ridendo,
vien ridendo alla tua porta.
Sai tu dirmi che ti porta?
Il suo vivo e rosso cuore,
e lo colloca ai tuoi piedi,
con in mezzo ritto un fiore:
Ma tu dormi e non lo vedi!

Angiolo Silvio Novaro

PREFAZIONE

Un giorno, rovistando tra le scartoffie nei miei cassetti, ho trovato i disegni che avevi fatto anni fa cara mamma e mi sono tornate in mente quelle parole: "Sarebbe bello se scrivessi un libro che parli di me? Perchè non racconti la mia storia?"

Ebbene, dal momento in cui mi facesti quella domanda, sono passati più di venti anni. Ed in seguito alla tua morte, molti altri ne sono trascorsi, tra mille incertezze e altrettante titubanze. Quale sia stata la ragione ad impedirmi di fare la narrazione della tua vita non saprei. Sarà dovuto alla mia eccessiva riservatezza, o ad una questione di pudore? Al di là delle congetture, la cosa certa è che non avrei potuto parlare di te ed esimermi dallo svelare un po' di me. Le due questioni, infatti, sono legate e imprescindibili. Il giorno che avessi deciso di farlo avrei dovuto tenerne conto. All'inizio l'idea di mettermi a nudo mi spaventò. Con il tempo ho capito invece che sarebbe stata una cosa bella condividere con gli altri frammenti del mio vissuto, del tuo vissuto.

Galeotta fu la tua canzone. Una sera, in un programma televisivo trasmettevano *vola colomba*, ed io subitaneamente richiamata dai ricordi del passato, stetti ad ascoltare assorta e mi ricordai di quanto tu amassi quel componimento.

Le note, mi riportarono, come per incanto, ad un'epoca che mi fu molto cara e risvegliarono in me sensazioni fortissime. Con grande nostalgia pensai al numero di volte che ebbi modo di sentirti canticchiare il ritornello.

Uno dopo l'altro, come per incanto, riaffiorarono alla mente i momenti vissuti insieme, gli episodi lieti e divertenti che avevamo condiviso con trasporto e le vicende tristi e dolorose di cui avremmo volentieri fatto a meno.

Tutto il tuo passato, legato indissolubilmente al mio, tornava prepotentemente alla ribalta e non chiedeva altro che di essere ricordato. Io non l'avevo rimosso, ma soltanto riposto in quell'angolo remoto del mio cuore, dove lo custodivo gelosamente. In quel preciso istante, mi era finalmente chiaro, stava aspettando che ne cogliessi l'essenza e che lo tirassi fuori.

Compresi, che non v'erano altre scuse dietro cui trincerarmi e che era giunto il momento giusto. Il ritornello, unito alle forti sensazioni che sprigionava, mi aveva caricata di tutta l'energia di cui avevo bisogno per iniziare. Senza indugiare oltre, ho accantonato ogni remora, ogni timore e mi sono armata di carta e penna.

Mamma, eccomi qui. Questa è una storia vera. È la tua storia. E le pagine che seguiranno narrano delle vicende che tu hai realmente vissuto. Non ti ho decantata o esaltata come la più coraggiosa delle guerriere e neppure come la più eroica delle amazzoni. Bensì e senza fare retorica, ho cercato di raccontarti nella tua ordinarietà e nella tua semplicità.

Il mio più grande desiderio è stato quello di portare alla luce gli aspetti più rappresentativi del tuo carattere: le pemurose e generose cure materne di cui ci hai riempite; l'educazione di una figlia obbediente; la dedizione di una moglie zelante e devota; e quindi per ultimi, l'operosità e l'impegno di una lavoratrice scrupolosa ed instancabile. Ho intrapreso, in sostanza, il viaggio a ritroso e ripercorso le parti salienti della tua vita.

In questo modo, sono riuscita a ricomporre il mosaico e ad offrire una testimonianza della tua indole e una descrizione esatta di quello che sei stata.

Narrare dell'amore e dell'energia con cui ti sei sempre prodigata per noi, è stato il mio solo intento.

Non ho aggiunto fronzoli o orpelli, anzi, nel racconto evidenzio, con concetti semplicissimi, gli aspetti più importanti della tua quotidianità e della tua mitezza d'animo, soffermandomi sul carattere docile e mansueto e il cuore grande e generoso che hai sempre avuto.

Desideravo dare un'immagine serena e fedele, di una donna forte e molto combattiva, che ha amato la propria famiglia più di se stessa e spero di esserci riuscita. Quasi certamente, molti mi diranno che sono stata troppo melosa nella tua rappresentazione. Tuttavia, spero che quelli che ti hanno conosciuta, ammettano che sono stata sincera e qualora avessi esagerato per certi aspetti, possano capire e perdonare qualche mia leggera défaillance.

Ti confesso che, sebbene abbia provato ad esporre gli episodi seguendo una successione temporale, gli argomenti trattati hanno preso spesso il sopravvento e guidato la mia mano.

Nonostante tutto, è con immenso entusiasmo che ho cercato di far emergere i tratti più autentici di ciò che ha fatto parte integrante della tua esistenza e personalità.

I disegni che hai realizzato ne sono la prova tangibile. Quelli che facevi per svagarti e quelli più attenti e curati che hai dedicato alle tue figlie e alle tue nipoti. Sei stata un'appassionata della natura, ed in particolare della primavera.

Hai coltivato per tutta la vita, un interesse amorevole per i fiori e per le piante. Te ne sei presa cura e ad essi ti sei dedicata sempre con premura.

Hai dimostrato inoltre, una profonda attenzione per la poesia e per le letture. Quelle di cui serbo il ricordo, ho pensato di includerle in questo libro accanto ad alcuni dei tuoi disegni.

Ti piaceva ascoltare la musica, sebbene non sapessi cantare e ancor meno ballare. Mi parlasti spesso di Claudio Villa e delle sue melodie.

Adoravi le canzoni del "reuccio" e da come ne parlavi si intuiva che era il tuo cantante preferito. Mina e Nilla Pizzi seguivano in ordine di importanza per non parlare poi della Callas.

La Loren, la Magnani ti affascinavano per la bravura ma era per Virna Lisi e Romy Schneider che stravedevi.

La bellezza e il fascino uniti al talento facevano di loro un mito. Erano figure femminili irraggiungibili ed impareggiabili.

Nei pochi momenti liberi, leggevi, i rotocalchi e i fotoromanzi e ti appassionavano le storie d'amore. Hai avuto il culto del bello e cercato di fare, per quanto possibile, le cose che amavi, ancorché, senza troppi artifizi o forzature. Scorrendo le pagine di questo libro, scoprirai che ti ho rappresentata esattamente come ti ricordo e come ti ho sempre vista: semplice, dolce, affabile, solare. Mai burbera o aggressiva. Al mattino, ti alzavi con il sorriso e pure nei momenti difficili colmavi tutti della tua positività.

Ciò che contava, era vivere il presente e godere di ogni piccolo istante. E 'dulcis in fundo', hai offerto, donato tutta te stessa alle persone care. È soprattuto questo, che mi hai trasmesso e che ho imparato dal tuo esempio. Mi riecheggia spesso nella mente la frase che continuavi a ripetermi: "sorridi alla vita e la vita ti sorriderà". Questo è l'insegnamento di cui dovremmo far tesoro. Ti piaceva vivere sorridendo, sorridere dell'esistenza e non ti vidi che raramente con il broncio. Difficilmente lasciavi che il malumore avesse la meglio.

Ringraziavi Iddio ogni mattina di veder splendere il sole e di vedere attorno gli affetti più cari. Non sei stata troppo esigente e non hai chiesto il superfluo al destino.

Affannarsi alla conquista del denaro, non ti ha giammai entusiasmata perchè del futuro, sapevi bene, non si ha alcuna certezza. A te bastava la frugalità. Hai vissuto alla giornata, nel senso che, hai dato maggiore importanza agli aspetti più autentici del quotidiano.

Cose, gesti, che per molti potevano essere banali o marginali, come fare un dolce, curare le piantine o scrivere dei versi, assumevano ai tuoi occhi un valore intrinseco inestimabile.

Eppure, cara mamma la tua vita non è stata per niente facile. Hai lottato contro una bestia ancor più cattiva e crudele della guerra e dell'emigrazione. E mentre la brutta malattia cercava di portarti via da noi, agguerrita come Napoleone in battaglia, non ti sei mai arresa e non hai mai piegato il capo. Sostenuta dalla tua fede in Dio, hai sempre creduto nel trionfo del bene e che il male possa essere debellato. Non hai vinto la morte, ciò nondimeno, la morte non ha vinto su di te. Vivi nel ricordo delle persone che ti hanno amata e ti amano profondamente e questo racconto ne è l'esempio.

C'è una bianca margherita

C'è una bianca margherita
che si dondola nel prato.
Com'è corta la sua vita!
Corta corta come un fiato.
Ora è lì tutta fiorita
nella veste di bucato,
e doman sarà avvizzita,
quando l'erbe avran falciato.
Pur sen ride illeggiadrita,
come un bimbo spensierato.
O sapienza non capita
di goder quel che fu dato,
d'aver semplice la vita
come un fiore in mezzo al prato!

LE TUE VECCHIE FILASTROCCHE

Sin da bambina, nel bel mentre preparavo i miei temi di scuola, ti fermavi ad osservarmi e quando vedevi che avevo finito, mi chiedevi di leggerti quello che avevo scritto. Era un rituale per noi, ogni pomeriggio ci sedevano al tavolo della cucina e aspettavi che io cominciassi. Ti piaceva ascoltarmi e ti permetteva spesso di suggerirmi dei pensieri, di dirmi quello che ne pensavi e di ritornare ai ricordi della tua infanzia. Avevi sempre amato le storie, le favole e le poesie.

Quanti racconti conoscevi, e quante poesie mi recitasti quasi alla perfezione. Ne citasti tante di cui avevi conservato con accuratezza e ricchezza di particolari ogni trascurabile e minuscola sfumatura.

Le declamavi tutte in maniera ineccepibile. Senza ostentazione seppure con leggiadria, freschezza e senza sbagliare una virgola, una parola. Ci faceva divertire quel modo di giocare e tu non perdevi occasione per farmi sentire quelle filastrocche di cui serbavi un limpidissimo ricordo, da quando le avevi imparate tra i banchi di scuola.

A bocca aperta stavo ad ascoltarti, ero quasi gelosa del fatto che tu fossi riuscita a custodire tutte quelle perle nella memoria e altresì del fatto che le interpretassi correttamente dalla prima all'ultima strofa.

Ricordi la filastrocca di 'Pierino Porcospino'? 'Come trovo dipinto il mio bambino' E quella di 'Gigi e il suo berretto'?

Quante risate ci facevamo quando piena di entusiasmo me le accennavi. Passammo dei momenti sereni e pieni d'ilarità insieme.

Rammenti ancora le avventure di Bertoldo, Bertoldino e Cacasenno?

Infaticabilmente mi raccontavi le vicende del povero se pur scaltro Bertoldo alla corte del re Alboino. Dall'energia e dall'entusiasmo con cui ne parlavi, si percepiva la tua passione. Il mondo fiabesco, poetico e letterario ti davano un senso di libertà, di gaiezza e ti permettevano di viaggiare con la mente nel tempo e nello spazio senza confini. Ti rendeva felice. Fu durante quelle ore trascorse insieme , che ebbi l'occasione di apprendere molte più cose su di te, sul tuo passato, sulla tua gioia di vivere.

Con la tua licenza elementare, ti assicuro che non hai mai avuto nulla da invidiare agli altri, sia per saggezza che per preparazione e io ho sempre adorato le storie che mi narravi. Sarei rimasta ad ascoltarti per ore.

Sedute in cucina, come di consueto, mentre sfogliavi il breviario, mi dicesti una domenica pomeriggio: "Ah, figlia mia, se solo avessi potuto studiare" con il rimpianto di chi aveva perso la grande occasione della propria vita. Era assolutamente percepibile la nostalgia per quel sogno che avresti voluto realizzare e che la mancanza di mezzi e la crudeltà del conflitto ti avevano negato. Essendo la secondogenita di una famiglia numerosa, avevi dovuto accettare quello che il dopoguerra offriva e accantonare ogni, se pur minimo, progetto educativo.

L'emancipazione femminile e l'indipendenza, insieme con il riscatto, attraverso lo studio e il lavoro sarebbero arrivati molti anni dopo ma per le nuove generazioni.

Tu appartenevi alla vecchia e quel lusso non potesti permettertelo. Nondimeno, sono certa che se i tuoi genitori, avessero potuto e ti avessero appoggiato, avresti continuato negli studi.

Purtroppo, le circostanze familiari e il contesto storico e sociale nel quale ti muovevi non te lo concessero. Fu solo colpa della guerra. Eppure a pensarci bene, tutto quello che avevi appreso tra i banchi di scuola, considerato il periodo bellico e l'immediato dopoguerra nel quale eri cresciuta, aveva un significato immenso. Forse tu non te ne sei resa conto.

Figlia di contadini del Sud d'Italia, nascesti nell'ottobre del 1938 e ti chiamarono Adeva. Ho cercato di scopire l'origine di questo nome che oltre ad essere inabituale ed inconsueto è molto originale. Dopo diverse indagini e uno studio etimologico che ho fatto risalire alle origini bibliche di: Adamo ed Eva, - dove il nostro progenitore *'l'uomo terreno'* perchè creato dalla polvere e la sua compagna, generata da una sua costola, e chiamata *'la vivente'*, avrebbero potuto con la loro unione essere alla base della struttura del nome *Ad-eva*;- ho deciso di accantonare tale ipotesi. So che era piaciuto ai miei nonni anche se non ne seppi mai la ragione. Non soddisfatta, ho continuato nelle ricerche ed ho scoperto che esiste l'Alpe di Adeva in Vallemaggia, valle del canton Ticino che si estende tra Locarno e il Lago Maggiore. Prababilmente il tuo papà da grande appassionato della montagna qual era, ne aveva sentito parlare. So che leggeva molto e amava tenersi informato. La cosa strana è che quel nome già poco conosciuto, non piaceva per nulla alla più grande delle tue sorelle, che ostinatamente continuava a chiamarti Maria. Fu talmente contraria al tuo primo nome che dopo un po' di tempo e molte insistenze, tutti finirono per adottare Maria.

    La nuova usanza ebbe conseguenze immediate in seno alla famiglia. I tuoi genitori dovettero richiederne la modifica, che venne apportata successivamente all'anagrafe. Da quel giorno in poi ti chiamasti Adeva Maria. E mentre davi i tuoi primi passi in casa, per tutti fosti soltanto Maria.

    Eri appena nata quando la Seconda Guerra Mondiale scoppiò ed avevi cinque anni quando il conflitto armato imperversava ed infieriva con crudeltà sull'umanità, spargendo il sangue di tanti innocenti e seminando distruzione e terrore ovunque.

    A quell'epoca, il rumore dei ricognitori e dei caccia bombardieri riempiva e turbava con fragore il cielo di tutto il mondo. Li sentisti e li vedesti anche tu.

    Si trattava degli aerei anglo-americani che, sempre più numerosi e minacciosi, passavano alti alti sopra alle nuvole. Sembravano stormi di uccelli, ma erano scuri e cupi e al loro passaggio facevano un rumore spaventoso che faceva tremare la terra. E tu, di quei momenti, sebbene piccolissima, avevi impressi nella memoria episodi particolari. Sentisti la sirena di guerra e fu terribile vedere il panico e lo sgomento impresso sul volto delle persone.

Quantunque non capissi tutto, avevi intuito che non era una bella cosa.

Era un suono che metteva addosso i brividi e raggelava il sangue. Quell'allarme, chiamava tutti a nascondersi prima che i bomabardieri anglo-americani lanciassero i loro attacchi. Furono momenti di sgomento in cui tutta la gente, che lavorava in campagna, lasciava zappe, badili e picconi e correva nei rifugi, nelle cave, nei sotterranei e nelle grotte. Tutti vivevano nell'agitazione e nell'angoscia. E nonostante, in casa dei tuoi, si cercasse di tenere la calma e di non far piangere i piccoli, vedere passare gli aerei alleati che scaricavano bombe sulle città faceva purtroppo, pensare al peggio.

Il generale Badoglio aveva perso troppo tempo prima di convincersi alla resa e fu soltanto dopo che le forze anglo-americane avevano distrutto tutte le città che si decise a fare il suo annuncio da Roma l'8 settembre 1943. Si vissero ore tremende, ore di tensione. Perchè i pericoli non venivano solo da un fronte. In effetti, oltre agli attacchi degli americani in quella fase, gli italiani allo sbaraglio, temevano le ritorsioni degli ormai ex-alleati nazisti.

La paura e l'incertezza regnavano sovrane. Fu in quei giorni di terrore che la Calabria venne dichiarata «zona di guerra». E mentre molti italiani si davano alla macchia per raggiungere le formazioni partigiane, altre centinaia di migliaia di soldati si facevano catturare e deportare in Germania. Quante rovine e quanti morti.

Ciò nonostante, mi dicesti spesso che rispetto alla città di Cosenza voi che abitavate a Torano Castello, un piccolo comune dell'entroterra, stavate bene, anzi mi correggo, meglio mentre, i centri nevralgici venivano bombardati.

La guerra al suo passaggio, aveva raso al suolo tutto e le campagne erano il solo luogo ancora sicuro in cui potersi rifugiare. Quantunque fossi una bimba all'epoca dello sbarco degli alleati, accennasti spesso alle truppe di soldati americani armati dalla testa ai piedi, che incontravate quando accompagnavi i più grandi alla fontana della piazza. Dovevate riempire i recipienti e far provviste d'acqua e quello era il solo luogo dove trovarla. Loro erano giunti in paese. E sebbene ci fosse tanta diffidenza, erano là per ristorarsi e dissetarsi, quei militari venuti per liberarvi. In cambio di viveri e di qualche prodotto casareccio, come le uova, il latte e il formaggio, vi offrivano tante tavolette di cioccolata e le famose scatolette di latta. Non partirono subito i nuovi alleati perchè c'era da combattere l'occupazione tedesca.

Effettivamente, dovettero passare altri due anni prima che la guerra di liberazione, condotta dalle brigate partigiane e «dall'esercito del Sud» riuscisse, con la Campagna d'Italia, a sconfiggere i fascisti. Era in atto la Resistenza. E sebbene il 25 aprile sia la data scelta per la Festa della Liberazione, il meridione assistette alla resa definitiva delle forze nazifasciste solo nei primi di maggio. Queste date, come è noto a tutti, sono importantissime perché segnano non solo la conclusione della seconda guerra ma anche la fine del ventennio fascista.

Dopo anni di tirannia, di terrore e di sangue, si respirava finalmente l'aria della libertà sociale ed insieme ad un senso di giustizia e di dignità, un forte bisogno di democrazia. Di lì a breve, sarebbe seguito il Referendum. Difatti, il 2 giugno del 1946 gli italiani potevano scegliere fra monarchia e repubblica. Ed era tempo di voltare pagina nella storia della nazione e dare una svolta al destino politico: per tale ragione gli italiani scelsero la Repubblica. Fu eletta un'Assemblea Costituente con l'incarico di redigere i principi fondamentali della nostra Costituzione, che entrava in vigore il primo Gennaio del 1948. L'Italia piano piano si stava ricostruendo.

Di origini umili, fosti la seconda di otto fratelli. Non avevi conosciuto l'agiatezza e i vizi dei benestanti quantunque, i prodotti genuini della terra e il bestiame, allevato da tuo padre, avessero permesso a tutti di non conoscere la fame e la miseria. Il tuo papà possedeva mucche e maiali. E i polli e le galline non mancavano nell'aia. Avevate un colombaio nel cortile davanti casa e diverse gabbie per i conigli. C'era persino un alveare.

Infine, avevate la campagna, poco distante dall'abitazione, in cui ogni membro del nucleo familiare doveva dare una mano. Mi dicevi che il lavoro non mancava e occorreva darsi da fare in tutte le stagioni. Ma tu non ti lamentasti mai del lavoro che incombeva poiché il senso del dovere era già insito nella tua personalità.

Bisognava mietere il grano e fare la battitura delle fascine. Dopodichè, una volta terminata la trebbiatura, occorreva preparare le balle di fieno per il bestiame. In autunno, iniziava la vendemmia a cui seguiva la raccolta delle olive, che dovevano essere portate al frantoio, e poi c'era da occuparsi degli alberi da frutto. Che facesse freddo o che piovesse, eri solita ricordarmi che al mattino, prima di recarti a scuola, dovevi con i tuoi fratelli andare per i campi a cogliere le ghiande da dare ai maiali o aiutare gli adulti nella coltura delle olive e a far fascine per il caminetto.

In estate, invece, bisognava pensare ai fichi da mettere ad essicare e farne, successivamente, provviste e miele per l'inverno.

Tutti dovevano contribuire al bene di tutti e collaborare nella coltivazione della terra e nella fattoria. Grazie al cielo, non avevi patito la fame e malgrado la criticità dei tempi, la tua famiglia non era certo tra le più povere e il tuo papà si era sempre dato da fare per il buon sostentamento di tutti. Andava persino a caccia di rane di cui gli stagni erano pieni. Un giorno mi raccontasti che le aveva arrostite. Era la prima volta che assaggiavi le coscette e ne eri entusiasta. Sebbene l'idea non fosse allettante ai miei occhi, mi assicurasti che erano squisite e ne decantasti la delicatezza. Avevate verdure di ogni tipo e spesso si usava fare il baratto e scambiare i prodotti della terra, i formaggi e le uova con il pesce che i pescatori provenienti dalla costa portavano nell'entroterra. Anzi, accennando a quel periodo, mi dicesti che voi stavate bene, rispetto a tanti che vivevano di stenti. E tra l'altro mi confermasti che per te fu maggiore la sofferenza dovuta all'emigrazione che non i sacrifici fatti in campagna.

Quantunque, le scarpe fossero un lusso giacché le indossasti soltanto in particolari circostanze, non ti vergognavi di ricordare a tutti che anche tu avevi camminato scalza da piccina. Avevi potuto permetterti degli zoccoli di legno, che usavi esclusivamente per andare a scuola, a messa, la domenica, alle feste e in qualche occasione altrettanto importante. Tuttavia, erano molte le circostanze in cui eri costretta ad andare a piedi nudi mentre i ricci e le piante spinose, lungo il percorso, avevano la meglio sulle tue giovani carni.

A dispetto di quelle sofferenze e delle cose che ti erano mancate, tenevi a precisare che la tua era stata proprio una fanciullezza molto felice, nonostante tutto. E questo, a mio avviso, la dice lunga sui patimenti e le umiliazioni che fosti costretta a subire da emigrata. Eppure, ti ricordai di sovente, che "da piccola avevi camminato scalza!"

Ma nemmeno questo particolare riusciva a scalfire la tua convinzione. I ricordi felici della tua infanzia erano un tesoro che custodivi nel tuo cuore come uno scrigno di pietre preziose.

QUELLA SCATOLA DI COLORI

Ogni volta che parlavi della tua scuola, ti si illuminavano gli occhi. Si capiva che avevi portato con te i più bei ricordi di quel periodo. Era stato bello studiare e sentivo la fierezza nella tua voce quando mi dicevi che la maestra ti voleva bene e ti aveva nominata sua vice. Severissima e dolce nello stesso tempo, la tua insegnante, ti aveva chiesto di tenere il silenzio nei momenti in cui doveva assentarsi dall'aula.

Praticamente, ti aveva chiesto di sorvegliare la classe, che ti era stata affidata. Nonostante avessi la stessa età degli altri bambini, dovevi assicurarti che l'ordine fosse mantenuto tra i banchi e che gli alunni stessero seduti al loro posto e senza fare rumore. La maestra, era rigorosa e teneva molto all'igiene e all'ordine. Non mancava mattina che non facesse la sua ispezione: controllava che gli orecchi e il collo di tutti i bimbi fossero sempre ben puliti e che le unghie fossero corte e curate. E nel caso in cui i bimbi avessero le mani o i vestiti sudici allora erano storie.

Poi c'erano i compiti da portare e guai a chi non li faceva o non si presentava a lezione. I genitori che non mandavano i figli a scuola venivano richiamati anche severamente.

All'epoca, capitava che coloro che avevano bisogno di braccia di lavoro nelle campagne portassero i figli nei campi invece che spedirli in classe. E in quei casi, i genitori ricevevano un avviso con cui dovevano presentarsi in caserma perché, quello che avevano fatto non era legale. Non c'era nessuna giustificazione che tenesse. L'istruzione era obbligatoria.

E il suo ruolo era fondamentale, nell'educazione delle nuove generazioni. Serviva a togliere i ragazzi dalla strada e a formarli per combattere l'analfabetismo.

Tu frequentasti regolarmente la scuola ma non avevi avuto penne con cui scrivere a casa. La penna a sfera era stata inventata da Laszlo Jozsef Birò proprio nell'anno della tua nascita. Possedevi solo un misero pennellino, costruito alla buona, che intingevi nell'inchiostro del calamaio ricavato manualmente dalle bacche vegetali.

Mi raccontasti, usando un tono tra il serio e il divertito, il modo rudimentale con cui eri solita raccoglierle per prepararlo.

Quei frutti, conosciuti da molti con il nome di 'bacche della rabbia', da verdi diventavano rossi e quando si facevano scuri e maturi, come le more, erano pronti per essere pressati.

Non si trattava certo delle nostre praticissime penne stilografiche e tantomeno delle famose cartucce Parker.

Era un pennino tutto spennacchiato, al quale imponevi di non sbavare per permetterti di fare gli esercizi che la maestra ti aveva assegnato per il giorno dopo. In classe, per fortuna, le cose andavano diversamente in quanto il liquido, contenuto nel recipiente, era fornito dallo Stato e la maestra, oppure il bidello, provvedevano a riempirlo ogni qualvolta fosse finito.

Il particolare più curioso era che tutti in classe dovessero essere disciplinati. Si pretendeva che osservassero la massima attenzione affinchè le gocce d'inchiostro non schizzassero sui fogli. Non avevate i quaderni di bella e di brutta copia per cui, quell'unico taccuino di cui disponevate doveva essere pulito e il più curato e ordinato possibile. E meno male che avevate la carta assorbente.

Ogni macchia fatta cadere per disattenzione corrispondeva ad un atto d'imprevidenza e di cattiva condotta. Allo stesso modo, erano deplorati e condannati con fermezza, i casi d'insubordinazione e di maleducazione di cui i bambini potessero dar prova durante le lezioni. Quegli episodi non potevano essere tollerati in quanto ritenuti manifestazioni ed espressioni di rivolta.

La disciplina, con la scomparsa dell'incubo fascista, restava comunque, la prima regola da osservare e nel caso in cui si contravvenisse ad uno di quei precetti cardini dell'ordinamento scolastico, i maestri diventavano severi e non mancavano le punizioni corporali, mi ricordasti spesso.

Quantunque fosse stato già avviato, nell'immediato dopoguerra, il processo per rinnovare e ristrutturare il sistema educativo, era evidente che i residui del vecchio apparato resistevano ai tentativi di cancellare venti anni di fascismo.

Capitava regolarmente mi dicesti, che i più monelli fossero obbligati ad inginocchiarsi sui ceci secchi per castigo, o a beccarsi qualche sonora frustata sulle mani. Alcuni tuoi parenti, che frequentavano la stessa classe, tornavano a casa con i segni delle rigate e in lacrime. I più sfortunati, una volta arrivati a casa prendevano pure il resto.

Nel caso in cui i bambini avessero fatto degli errori degni di nota durante le lezioni, c'era persino l'usanza di attaccare un foglio, dietro alla loro schiena, su cui era scritto "Asino".

Con quel segno distintivo, il somarello doveva fare il giro delle classi e farsi vedere da tutti.

Ovviamente, queste correzioni erano riservate ai discoli e non di certo a te che, sin da piccola, avevi rivelato un'indole docile e buona.

Imparasti dapprima a fare le asticelle, cioé i segni che preparavano alla scrittura.

Dopodiché iniziasti a fare le lettere. Avevi il sillabario e il libro di lettura, che era il tuo preferito. Quelli rappresentavano i tuoi oggetti preziosi e li adoperasti sempre con la massima cura.

Amavi proprio tanto scrivere ancorché fossero le letture la tua passione. Erano momenti unici, specialissimi in cui riuscivi ad estraniarti dal contingente per viaggiare esplorando mondi bellissimi, fatti di colori, di poesia e di fantasia. Ti appassionava scorrere e riscorrere quei libri che erano pieni di pagine illustrate. Li avevi letti talmente tante volte da averne appreso a memoria pressocchè tutto il contenuto. Non c'è da meravigliarsi del fatto che tu conoscessi a memoria tutte quelle poesie e quei racconti.

Ma la cosa che adoravi di più era disegnare e colorare sebbene non avessi mai disposto di una scatola di colori. Io ne possedevo una molto grande e quando vedevi che l'aprivo, ti sedevi felicemente accanto a me. Chiedevi con voce timida, come se temessi che io ti dicessi di no, se potevi usare i miei pennarelli perchè avevi voglia di fare uno scarabocchio. La prima volta che mi facesti quella domanda rimasi sorpresa poi, vedendo quanto fossi concentrata e quanto ti appassionasse, quello che divenne con il tempo, il tuo divertimento preferito, ti osservai in silenzio e con aria complice e divertita.

Toccando le matitine e quella scatola, per te magica, realizzavi un desiderio che da anni avevi custodito in segreto. Come ti brillavano gli occhi di felicità in quei momenti!

In un battibaleno, ti vidi ritornare all'infanzia. Sebbene avessi accanto la mia mamma, nella sua integrità, provai esattamente quello che stavi vivendo, quello che eri stata, quello che eri.

Anzi, fu precisamente in quell'istante che ebbi l'esatta percezione della persona speciale che albergava in te.

La tua bellezza e la tua ricchezza più grande ti derivano proprio dal fatto che, nonostante le responsabilità e gli innumerevoli doveri, sei cresciuta preservando la purezza e l'innocenza della fanciullezza. Il destino ti ha costretta ad affrontare prove durissime e ti ha dato fardelli pesanti da portare tuttavia, non hai permesso al dolore di sopraffarti e di indurirti il cuore. Per tutta la vita, quantunque avessi avvertito i duri colpi, hai conservato la gaiezza e l'entusiasmo di una bimbetta. Il mio cuore si riempie di una immensa tenerezza al pensiero.

Ricordo mamma, che non sapevi disegnare i visi e ancora meno il corpo umano. Guardando, i personaggi da te creati, si capiva subito che erano piuttosto strani, singolari, sproporzionati, dei veri e propri extraterrestri. Avevano delle braccia smisurate ed enormi punti interrogativi rovesciati al posto dei capelli. E quante risate ci siamo fatte nel commentarli.

Devo ammettere, effettivamente, che non vi era simmetria in quei ritratti perché nessuno ti aveva insegnato il senso delle proporzioni e le regole del disegno. Non dovevi fartene una colpa. Talvolta costernata dal risultato dei tuoi sforzi, esclamavi: " Spiegami come fai a fare gli occhi e le mani? Non ci riesco proprio. È difficilissimo".

Al contrario, eri piuttosto brava nel ritrarre il mondo vegetale, gli alberi, i vari tipi di foglie e i frutti. Le tue ghiande, i rami di pesco e di ciliegio erano meravigliosi. Non avevi bisogno di copiare o di avere davanti agli occhi quello che stavi per disegnare. Sicuramente, custodivi i luoghi e i tesori della tua infanzia, nel tuo cuore e ne conoscevi ogni sfumatura, ogni movimento, ogni armonia. Ti veniva di getto e creavi in modo istintivo. Eri molto brava nel fare le rose, i narcisi, le violette, i ciclamini e le dalie. Sono certa che la tua passione nascesse dal fatto che adorassi i fiori. Lo ripetevi in continuazione, non ci si poteva sbagliare, tra tutte le stagioni, la primavera era senza dubbio la tua preferita. E non mi sorprende il fatto che tu abbia sempre cercato di rappresentarla nei tuoi disegni. Ne hai amato tutti gli aspetti, i profumi, i colori e i suoni.

Mi sono spesso posta la domanda se non fosse per questo che adoravi ritrarre gli uccellini sui ramoscelli sbocciati. Quando osservo i tuoi scarabocchi viene naturale pensarlo.

Desideravi cantarne il risveglio, dopo il letargo e il grigiore invernale ed hai voluto celebrare sempre, con gran gioia e intensità, i colori del mondo che torna a sorridere e si apre alla vita. Lo si capisce dai disegni che ritraggono in modo genuino e appassionato la tua stagione. Quel periodo dell'anno era il tuo periodo, era una parte integrante del tuo essere e mentre prendevi la matita per creare le tue opere, mi sembravi un'artista in preda all'ispirazione.

In tali occasioni, incuriosita dal modo di porti, piena di aspettative stavo a guardarti.

Sfogavi il tuo estro, plasmando i tuoi pensieri e per me eri bravissima e lo sarai per sempre. Li ho conservato tutti i disegni, sai. Per quanto insignificanti, essi possano apparire agli altri, sono per me un tesoro da ricordare e custodire gelosamente. Il loro valore è inestimabile.

Semplici tratti, fatti con mano ferma, sicura, come di chi conosce perfettamente la materia che descrive. I colori e i toni che hai usato, danno l'idea esatta di una persona concreta e profondamente attaccata alla natura.

Nessuno è più bravo di te nel riprodurre quel mondo al quale eri legata. Vedo l' armonia nei tuoi scarabocchi e l'energia che si sprigiona man mano che essi prendono forma e si materializzano sul foglio bianco.

Ricordi quelle rare occasioni in cui mi portasti a raccogliere gli asparagi a Sarmezzano, tra le valli che ti avevano vista crescere? Ero una ragazzina, una quattordicenne e a differenza di te, non amavo molto i monti e la campagna.

Si sentiva solo il canto del cucù, dei merli e delle capinere, mentre i raggi del sole nel cielo azzurro, cristallino, illuminavano il sottobosco e l'intera vallata. Rassegnata dinnanzi al mio povero entusiasmo, mi lasciavi indietro e ti incamminavi per quei sentieri che conoscevi come le tue tasche.

Il tuo babbo ti aveva appreso a portare con te una canna o un bastone. Serviva per farsi largo tra gli alti arbusti e il folto fogliame. Vipere ce n'erano tantissime e il loro morso, se non preso in tempo, si rivelava pericoloso o mortale. Già il solo pensiero di potermi imbattere in una di quelle creature bloccava il mio andare mentre tu coraggiosa e impavida procedevi con passo sicuro.

Ti piaceva l'odore degli alberi e quantunque non trovassi gli asparagi, tornavi a casa con enormi mazzi di ginestra, di rose canine, di achillea, di ranuncoli. Conoscevi le virtù di alcune piante selvatiche come la malva, il rosmarino, la cicoria, il finocchio selvatico e la menta. Dapprima le indicavi con il dito poi, con fare esperto le raccoglievi spiegandone le caratteristiche esteriori, il profumo e le qualità curative. Sapevi preparare decotti e tisane, impiegando ognuna di quelle erbe a seconda del malanno. I semi del finocchio alleviavano il gonfiore addominale, e l'alloro curava i disturbi intestinali. La malva era un potente antinfiammatorio e il cardo mariano, era ottimo per i problemi di fegato ingrossato. Un'infuso di tiglio e una tisana di camomilla erano ottime per combattere il nervosismo e conciliare il sonno. A volte dopo aver lavato accuratamente le foglie, lessavi e friggevi, con un peperoncino piccante, le minestre di amarelle, cardoncini e finocchietto selvatico. E sono sincera nel dire che l'odore era più che invitante e il gusto impareggiabile.

Quelle piante spontanee regalate dalla natura e scelte da te con cura erano un vero toccasana. Le saltavi con un filo d'olio d'oliva in padella ed io, che ne ero ghiotta, le mangiavo nella focaccia che tu preparavi nel nostro forno su pietra. Come vedi, ho un ricordo prezioso delle tue doti che mi riportano ad antichi sapori di cui serbo ancora tutte le essenze.

Il verde, i campi, le montagne erano il tuo mondo. E ogni qualvolta ti era consentito o avevi la possibilità di immergerti in esso, respiravi a pieni polmoni di un'aria soddisfatta e compiaciuta.

I MESI DELL'ANNO

Angiolo Silvio Novaro

Gennaio mette ai monti la parrucca,

Febbraio grandi e piccoli imbacucca;

Marzo libera il sol di prigionia,

April di bei color gli orna la via;

Maggio vive tra musiche d'uccelli,

Giugno ama i frutti appesi ai ramoscelli;

Luglio falcia le messi al solleone,

Agosto, avaro, ansando le ripone;

Settembre i dolci grappoli arrubina,

Ottobre di vendemmia empie le tina;

Novembre ammucchia aride foglie in terra,

Dicembre ammazza l'anno, e lo sotterra.

UNA VITA TRA I CAMPI

Crescendo in campagna, non hai mai avuto grossi grilli per la testa. Eri una fanciulla calma e venivi su sana e carina.

L'aria che si respirava era ancora pulita e senza gas tossici e di scarico, questo vuol dir tanto. Quantunque fossi del sud, avevi la pelle molto chiara e i capelli lunghi e castano scuri che solevi raccogliere in trecce. Per districare i nodi e tenerli lucidi, eri solita impregnare il pettine nell'olio d'oliva e questo li aveva resi forti e ben nutriti. I tuoi occhi color nocciola tendevano più al verde che al marrone. E sebbene arrivassi appena ad un metro e cinquantotto centimetri d'altezza, eri alquanto armoniosa e con il seno prosperoso. La vita nei campi, il movimento continuo e il cibo sano e senza eccessi, ti permisero di conservare la linea, per anni, sarei tentata di aggiungere. Ma la cosa più importante è che sei cresciuta nell'umiltà e nella semplicità.

Il tuo papà, da buon credente, aveva la sana abitudine di leggervi dei passi del vangelo la sera e quando la stanchezza non prevaleva su di lui, dopo le fatiche del giorno.

Lo ascoltavi con ammirazione. Era rilassante, confortante e ti permetteva di apprendere tante cose. Era una persona semplice proprio come te e amava scrivere esattamente come te.

Ricordo ancora di averlo visto, anni or sono, il mio caro nonno, alle prese con la sua vecchia macchina da scrivere sulla quale, dopo aver messo gli occhiali, si concentrava al massimo per redigere le sue lettere.

Comunque, rimanendo al periodo in cui stavi diventando una signorina, non esistevano gli elettrodomestici. I tempi non erano per niente facili giacché presentavano il fantasma del dopoguerra alle spalle ed un futuro incerto davanti a sè. Non avevate la radio, il televisore, di conseguenza, radunarsi all'imbrunire intorno al caminetto acceso, per raccontare storie o vicende realmente accadute era consuetudine degli adulti. Serviva a conciliare il sonno e a tenere calmi i più piccoli e i più inquieti. Era alla sera soltanto, che la famiglia finalmente si riuniva intorno alla tavola, dopo una giornata passata fuori casa. Non avevate la luce elettrica, per cui le candele e qualche lumino a petrolio dovevano fare il loro bel lavoro per rischiarare le tenebre. Vi piaceva ritrovarvi tutti insieme al calar del sole davanti ad un piatto di minestra caldo che la tua mamma si era affrettata a preparare. E quella pietanza, possedeva grandi virtù in quanto, riscaldava e ricompensava dei sacrifici del giorno e offriva l'occasione per trascorrere ore di convivialità. Ma era soprattutto nei periodi invernali che quei momenti apparivano più graditi. Quando la temperatura scendeva e la neve e il freddo diventavano pungenti, riunirsi attorno al fuoco scoppiettante era appagante.

Tutti, in particolare i più piccini, aspettavano con impazienza le grandi feste. Il tuo papà sapeva suonare la zampogna e il natale era più sentito che ai giorni d'oggi, eri solita ripetermi. Con tua madre e con tua nonna, passavate giornate intere a preparare dolci, pan di spagna, turdilli e scalille. La parca mensa si imbandiva in quel periodo e apparivano le zeppole e i bocconotti alla mostarda. Avevi imparato a fare i fusilli e i maccheroni al ferro calabrese, che nelle ricorrenze specialmente riempivano le zuppiere. Facesti gran tesoro delle ricette apprese e in tutte le occasione, fosti sempre pronta a servire degli ottimi manicaretti di cui custodisti gelosamente la tradizione.

La casa, nella quale vivevate in tanti, non era grande ed era arredata in modo semplicissimo ed essenziale. Dividevi la stanza con la nonna e questo ti rendeva una privilegiata. Difatti le tue sorelline avrebbero voluto dormire insieme con lei. Dio solo sa quanto bene hai voluto a quella vecchietta che fu per te una maestra oltre che una nonnina affettuosa. Era molto saggia e piccolissima di statura. È un particolare, che mi ha colpito dalla volta in cui da piccina, parlo dei primi anni '70, mi portasti, in occasione delle vacanze estive, a conoscerla. Ricordo bene, nonostante fosse molto anziana, che era arzilla e dirigeva tutti a bacchetta, la brava bisnonna. Sapeva farsi rispettare ed obbedire e mi proteggeva da tutti. Con lei apprendesti a recitare il rosario, le nenie e tante preghiere che, con il tempo, insegnasti anche a me.

Il tuo papà, che non ti fece mai un severo rimprovero e non ti toccò neppure con un dito, era troppo impegnato nei campi per poterti seguire assiduamente. E la tua mamma, avendo i tuoi fratellini da crescere, non poteva darti tutte le attenzioni che meritavi e di cui avevi bisogno, ragione per la quale, la provvidenza pensò per l'appunto di metterti al fianco una persona importante che ti facesse da guida nel mentre diventavi grande. Educata e timorata di Dio, non desti neanche una volta motivo ai tuoi genitori per sgridarti o punirti. Erano tempi duri in cui i capricci non andavano di moda. E benché fossi ancora una fanciulla, apparivi responsabile e ti davi da fare nelle faccende di casa. Aiutavi la tua mamma, davi una mano in campagna ed essendo la secondogenita dovevi badare ai più piccoli. Eri agile, mi dicevi e da buona contadinella, sapevi reggere in testa la famosa sporta. Si trattava di una grande borsa, di vimini intrecciati, dotata di manici utilizzata per metterci i prodotti alimentari e agricoli.

Per trasportarlo, arrotolavi uno straccio su se stesso e a mo' di corona lo posavi sulla testa prima di appoggiarvi il paniere.

Lo reggevi con una mano e con una postura eretta e un'andatura sinuosa camminavi per sentieri ripidi e impervi senza farlo cadere. Talvolta era molto pesante ed esercitava una grande pressione sul collo.

Le strade che percorrevi erano piene di insidie ma a dispetto dei pericoli e del rischio di farsi mordere da qualche vipera, di cui le vallate e le campagne erano ricchissime, non esitasti per nessun motivo ad accompagnare la sorella maggiore e le zie al ruscello per fare il bucato. Che fosse estate o che fosse pieno inverno, era verso le acque limpide e gelide dalla sorgente che ti recavi con il cesto sul capo. E fu proprio in una di quelle occasioni che ti beccasti la malaria.

Le zanzare infette non facevano difetto nella zona e ti ammalasti con febbroni molto alti.

Fortunatamente, le cure repentine a base di chinino ebbero la meglio e dopo diverso tempo guaristi. Eri scampata alla morte. Quello che non uccide rende più forti, si è soliti dire.

Ebbene, quella fu la tua prima grande prova. La vita riprese come sempre, dopo il brutto episodio e tu ricominciasti a lavorare nei campi. Il tuo papà aveva bisogno di aiuto e di lavoro ce n'era tantissimo. Bisognava mietere il grano, c'erano le balle di fieno da preparare e le pannocchie di granoturco da raccogliere. Stavi diventando una piccola donna.

Crescendo, contemporaneamente al lavoro agreste da portare avanti, cominciasti a pensare anche al corredo. La nonnina ti aveva appreso l'arte del ricamo e tu armata di tanta pazienza, ti sedevi nel cortile, in compagnia di qualche coetanea del paese e ti dedicavi giorno per giorno a decorare le lenzuola, le federe e le tovaglie di lino e di cotone, che avevi adornato con inserti di filet. Non amavi fare la siesta pomeridiana, nelle giornate primaverili e in quelle estive, quando il caldo era soffocante e il canto dei grilli e delle cicale riempiva l'aria nelle campagne. Preferivi startene all'aperto, sebbene all'ombra e goderti il profumo dei prati fioriti, delle ginestre, del fieno tagliato.

Ti perdevi nell'ammirazione dei peschi e dei ciliegi in fiore e dei campi dorati e baciati dal sole.

E nel mentre respiravi l'aria calda e pura delle belle stagioni, operosa come una formichina preparavi la tua biancheria. Fu così che, con l'aiuto di un paio di cugine e di vecchie zie, imparasti pure a fare i merletti all'uncinetto, i centrini, i ricami a punto croce e punto pieno, punto erba e smerlo e a punt'ombra.

Tutto doveva essere pronto per il giorno in cui ti saresti sposata. Del resto, potersi dedicare a queste mansioni non fu certo un male visto che il paesino rurale non offriva altro divertimento per i giovani della tua età, fatta eccezione delle sagre e delle feste popolari.

Era per la ricorrenza della festa di San Biagio, il Santo Patrono di Torano Castello che tutto il paese, dando dimostrazione di una profonda religiosità, si riuniva per celebrare le funzioni in onore del santo.

Pertanto, le tue uscite consistevano soltanto in qualche rara passeggiata in 'piazza' e senza mai correre il rischio di diventar succube delle balere. Già, perchè le discoteche, all'epoca, non le avevano ancora inventate e questo lo ripetevi in continuazione.

Ti eri adeguata ai tempi e il lusso non esisteva, o meglio, era privilegio di pochi. Solo il medico condotto, il notaio e il farmacista, in sostanza le persone più in vista, possedevano la radio, il frigorifero e l'automobile. Accanto a quei rari fortunati, andava la gente comune, di cui tu facevi parte. Eri un'umile tra gli umili e i tuoi abiti sebbene puliti, erano molto semplici.

Sebbene di origini contadine e quantunque non avessi un mestiere, furono molti i ragazzi del borgo che ti corteggiarono. Ma chissà perchè nessuno di essi seppe suscitare in te il minimo interesse?

Poi un bel giorno, improvvisamente, apparve il mio papà. Ti fu presentato da una conoscente, amica delle vostre rispettive famiglie e quando i vostri sguardi si incontrarono, capisti subito che era quello giusto, quello che aspettavi. Per lui fu lo stesso. Abitava in un paesino limitrofo e rimase tutt'altro che indifferente al tuo sorriso e al tuo fascino. Sedotto dalla tua dolcezza e dalle tue forme generose, faceva chilometri a piedi per venirti a parlare. Già! " a quei tempi non c'era l'automobile o la moto, tutt'al più l'asino, quando qualcuno era tanto munifico da prestartelo" commentasti ironicamente.

Da quel giorno cominciaste a studiarvi e dopo un certo periodo, i tuoi genitori ti dettero il permesso di parlare al fidanzatino in presenza di una parente.

"Quello era il modo in cui si faceva all'amore", mi ripetevi, sottolineando l'aspetto platonico piuttosto che carnale del vostro rapporto. Non vi lasciavano da soli neppure per un attimo e un membro della famiglia doveva sempre tenervi d'occhio. Si teneva molto al decoro, il paese era molto piccolo e la gente mormorava in fretta. Tra l'altro non c'era bar, cinema o pizzeria dove potersi ritrovare. E anche se ci fossero stati, i tuoi genitori non ti avrebbero mai permesso di andarci. Insomma, erano altri tempi, forse migliori dei nostri, in cui regnava un maggior senso del pudore. Era ben diverso da oggi dove ci si incontra velocemente ma la relazione finisce ancor prima di cominciare.

Al di là di queste osservazioni che so, tra l'altro, da te condivise, gli appuntamenti amorosi furono assai brevi e sorvegliati. Quando era possibile, vi incontravate in piazza e con un po' di fortuna, vi ritrovavate in occasioni più o meno fortuite o casuali. Mi ricordasti anche che un bel giorno il babbo venne sotto casa a portarti una serenata. Voleva fare colpo su di te e conquistarti definitivamente.

Fu così che si presentò con un paio dei suoi zii e tanto di organetti e di suonatori. Immagino la scenetta, l'emozione provata per la sorpresa e l'espressione sul viso di tuo padre.

Comunque, a dispetto dell'imbarazzo e degli sguardi canzonatori della tua famiglia, sono sicura che ti fece molto piacere.

Ahimè! Poco tempo dopo dovette partire. Mio nonno paterno dopo aver combattuto in Eritrea durante le azioni militari del periodo fascista, era emigrato in Belgio dove era riuscito ad entrare nelle miniere di carbone. Trascorso un certo periodo, aveva deciso che fosse venuto il tempo per mio padre di raggiungerlo. E lo fece richiamare. Il giorno che ebbe le carte in ordine, lasciò la casa nella quale abitava con la sua mamma e altri cinque fratellini più piccoli e ti salutò promettendoti che sarebbe venuto a prenderti non appena possibile.

LA DIASPORA DEL DOPOGUERRA

Era quello il preludio del tuo grande viaggio. Piano piano, ti preparavi mentalmente alla partenza, ti preparavi a lasciare la casa dei tuoi e ad affrontare un futuro incerto. Non sapevi ancora come sarebbero andate le cose e non potevi immaginare esattamente quello che il futuro aveva in serbo.

Ciò nondimeno, ipotizzavi già i sacrifici ai quali stavi andando incontro. Era il sudore della fronte che ti aspettava e il denaro messo da parte tra stenti e mille privazioni. In quel frangente brevissimo di tempo, ti vennero in mente le lettere di alcune tue cugine emigrate oltreoceano. Pensasti al bastimento sul quale mesi prima, erano salite con i loro familiari per recarsi nelle Americhe. E tornando su quanto avevano scritto nelle loro lettere, quasi un anno dopo, ricordasti che si era trattato di un viaggio terribile, in condizioni umane ed igieniche pietose. Quelli che non morivano durante il percorso colpiti da malattie, dalla dissenteria e dallo stato malsano di quella traversata che durava settimane, riuscivano a raggiungere e a stabilirsi in Venezuela, Brasile, Argentina e Canada. Se ne andavano armati di coraggio o forse d'incoscienza. Non saprei.

Nella gran parte dei casi, erano gli uomini ad avviarsi per primi. S'imbarcavano per l'America o partivano per l'Europa in cerca di prosperità e quelli più fortunati, riuscivano ad inserirsi come muratori e falegnami. Altri, esattamente come il nonno, si adattarono alle occupazioni che trovarono: la miniera.

Fu ciò che avvenne alla maggior parte degli emigranti. Tra stenti, riuscivano ad insediarsi nelle zone urbane e dopo aver lavorato per un periodo e messo da parte qualche soldino, facevano il cosiddetto 'atto di richiamo' alle loro mogli e ai figli. Molte giovani donne del paese, invece, si erano sposate 'per procura'.

Accadde ad un buon numero delle coetanee che conoscevi o di cui avevi sentito parlare. Erano ragazze, che non potendo raggiungere o essere raggiunte dal fidanzato lontano, visto e considerato il tratto che c'era da percorrere, le spese del viaggio e il tempo, preferivano che il loro matrimonio fosse celebrato a distanza.

Altre accettarono persino di convolare a nozze senza aver mai incontrato prima il promesso sposo. Le rispettive famiglie, in una fase iniziale si scambiavano le foto dei giovani e se questi si piacevano, facevano la proposta e se trovavano un'intesa, il matrimonio poteva combinarsi.

Si chiamavano 'unioni di convenienza'. L'accordo veniva inviato per lettera e passavano spesso dei mesi prima che tutto fosse finalizzato. In particolari circostanze, le fanciulle venivano forzate dai genitori ad accettare. Si trattava più che altro dei casi più estremi, quando la fame era esasperante e in casa c'erano molte figlie femmine da sistemare.

Il rito, che si riduceva semplicemente ad una 'pro-forma', veniva celebrato in presenza della giovane e della persona che rappresentava lo sposo. Soltanto quando le carte erano in ordine, la giovane sposa poteva raggiungere il coniuge all'estero.

La gran parte, s'imbarcavano per l'America ignare della lunga ed estenuante traversata che le aspettava. Salutavano i genitori al porto o alla stazione tra fiumi di lacrime, paure e un profondo smarrimento. In ogni caso, non v'era posto per ripensamenti o colpi di testa. Quando tutto era ormai stato deciso, la partenza non poteva essere rinviata o cancellata.

Se ne andavano per forza o per scelta e comunque perché avevano trovato il 'buon partito'. Molto spesso, purtroppo, si risvegliavano accanto ad un marito di cui ignoravano tutto, i sentimenti, il carattere, la personalità. Erano spesso vittime della povertà e talvolta artefici del proprio destino. Ma comunque si presentavano come donne forti, coraggiose che avevano deciso di partire per ritrovarsi con l'uomo, conosciuto o sconosciuto che fosse, di cui erano divenute le mogli a tutti gli effetti.

Per un attimo, l'immagine di quella gente ammucchiata sulla nave, che si proiettava nella tua mente, ti fece rabbrividire ed io seguendo il filo di quel pensiero, venni assalita da un tremito. Che tristezza!

Era stata durissima per loro, non v'era dubbio. Riflettendoci sopra assomiglia vagamente ai numerosissimi 'barconi della speranza' che popolano i nostri mari ai giorni d'oggi.

Mi corre l'obbligo precisare che non intendo assolutamente equipararla alla drammaticità e crudeltà dell'immigrazione clandestina.

Poiché si tratta di ben altro. In quest'ultimo caso, si parla di una piaga sociale che gli scafisti continuano ad alimentare con i loro traffici.

Sfruttando la miseria e gli ultimi spiccioli di gente affamata, conducono come Caronte, da disonesti mercanti di morte quali sono, il loro traghetto dalle coste settentrionali dell'Africa fino alle coste siciliane e calabresi. Illusi ed estenuati, quei poveri disperati che fuggono dalle persecuzioni e dai soprusi subiti nel loro paese, pagano con il proprio sangue il biglietto che li condurrà verso lidi incerti.

Lasciano la loro terra travagliata, tormentata da guerre civili, violenze perché non hanno scelta. Non sono a caccia di fortuna, sono bensì alla ricerca di un rifugio. E di quelli imbarcati, solo pochi arrivano a destinazione e trovano asilo mentre migliaia di vite umane si perdono e si consumano tra le insidie di un mare impietoso.

Le acque del Mediterraneo si sono rivelate inesorabilmente e implacabilmente il luogo della sventura. In questo scenario allucinante e apocalittico, il dramma continua a perpetrarsi.

Dall'emigrazione del dopoguerra ad oggi, di anni ne sono trascorsi parecchi e di passi se ne sono fatti tanti. Il periodo è senz'altro diverso e il contesto storico e sociale anche. Tuttavia, a veder bene, un medesimo filo conduttore lega quel passato al presente.

Mi riferisco alla stessa speranza in un futuro migliore, di gente come noi, come i nostri genitori e progenitori che, ieri come adesso, vuole e cerca di sopravvivere ai conflitti e alla miseria.

Quando mi parlasti di quei parenti, di quella gente che si imbarcava, mi soffermai a pensare. Eppure come loro, anche tu eri figlia di quella diaspora e questo mamma io non l'ho dimenticato.

CON UNA VALIGIA DI CARTONE

Sei stata una fortissima donna del Sud. E per seguire l'uomo che amavi, hai lasciato il paesino d'origine e sei andata all'estero.

Infatti, tenendo fede alla sua promessa, papà tornò giù in Calabria per sposarti. E così, tutta vestita di bianco, nel tuo splendido abito cucito e ricamato a mano dalla più brava sarta del paese, convolasti a giuste nozze. Ho ancora una foto in bianco e nero di te e papà nel giorno del vosto matrimonio e osservandola non posso negare che formavate proprio una bella coppia.

'Parlami d'amore Mariù' fu la canzone che ti dedicò in diverse occasioni. Rammenti? Le dolci note di quel brano romantico, divennero la vostra colonna sonora e vi accompagnarono lungo il corso del vostro matrimonio, che durò per quarantotto anni. Possiamo dire che seppe resistere agli attacchi del tempo e alle prove più dure se sei riuscita a farlo durare per tutta la vita.

Lo sposalizio fu celebrato nella parrocchia del borgo. Era la piccola ed accogliente chiesa di campagna che avevi frequentato durante tutta la tua fanciullezza. La cerimonia fu sobria e semplice quindi, adeguata ai luoghi, al contesto storico e alle possibilità economiche, senza fronzoli e senza sfarzo con qualche confetto e qualche dolcino. Poi, finita la festa, prendesti una valigia di cartone e salisti su quel treno diretto in Belgio. Facesti spesso riferimento a quel bagaglio che andava molto di moda in quel periodo. Niente che potesse paragonarla alle valigie o ai trolley della Samsonite tanto in voga oggi. Legato da uno spago, conteneva i tuoi indumenti e una cambiata per le occasioni importanti. C'era il corredo che con tanta dedizione e amore ti eri confezionata e celata in fondo al bagaglio, portavi via con te anche la speranza, proprio come numerosissimi altri connazionali che in quei medesimi tempi si recavano a cercar fortuna nel Benelux, in Germania, in Francia e in Svizzera.

Tutti quegli Stati furono la meta del flusso di siciliani, pugliesi, calabresi e abbruzzesi. Si trattava per la maggior parte di contadini o poveri senza un mestiere che, durante un lungo lasso di tempo, avevano preferito lasciare la propria terra alla ricerca di un lavoro. Fu il periodo della grande emigrazione europea.

Ordunque, mi preme però, fare una premessa per capire meglio le ragioni che vi spinsero ad emigrare. Alla fine della guerra, le condizioni economiche dell'Europa intera erano precarie e in Belgio, al pari di diversi altri Stati, mancava principalmente la manovalanza per le loro miniere di carbone. Il Belgio, effettivamente, cercava gente che potesse lavorarvi, in Italia al contrario, scarseggiavano i fondi e il carbone stesso.

Fu sulla base di tali presupposti che i due paesi raggiunsero: "l'accordo minatore-carbone". In sintesi, il protocollo Italo-Belga, stipulato nel 1946, favoriva l'emigrazione di manodopera italiana e assicurava soprattutto il trasferimento dei lavoratori e le loro condizioni di lavoro. Papà aveva ottenuto il suo contratto di lavoro, nella regione del Limburgo, nelle Fiandre e l'azienda carbonifera aveva provveduto ad assicurargli un alloggio salubre e decoroso.

Lui, insieme con gli altri minatori erano stati sistemati nelle baracche di legno a Berkenbos, dove coabitavano italiani del nord e del sud, polacchi, spagnoli, slavi e tanti emigranti venuti da altre parti del mondo per guadagnarsi il pane in miniera. Mio padre non aveva avuto scelta, non aveva potuto disobbedire e per aiutare i suoi, era stato chiamato a seguire il nonno e a scendere in miniera. Lavorava a centinaia di metri sottoterra e si guadagnava bene da vivere. Il fatto che avesse il lavoro rese le cose un po' più semplici;

Partivi conoscendo la meta ed eri al corrente della sistemazione, di cui lui ti aveva tanto parlato e scritto durante il vostro fidanzamento.

Ti inviava delle lettere in cui ti descriveva le sue giornate, la vita nella baracca, i luoghi e la gente che frequentava, ma soffristi comunque molto per quello spazio che vi teneva distanti.

Vivesti questa fase con l'angoscia dell'abbandono ed ogni epistola era accolta con un sospiro di sollievo. Comunque, a dispetto di tutto e degli immensi sacrifici che la vita d'emigrante comportava, il babbo, il suo destino l'aveva abbracciato con molte più aspettative di quante ne avessi tu che partivi soltanto per seguirlo.

Nonostante fosse anche lui molto legato alle sue origine e alla terra, aveva capito che era giunto il tempo di dare una svolta al proprio destino e offrire a te e alla vostra progenie, migliori prospettive di vita.

Accadde così che dopo un annetto di lavoro in miniera, mio padre venne giù in Calabria per sposarti e subito dopo, ti portò via. Quella fu, senza ombra di dubbio, la vostra luna di miele. Un viaggio lungo, interminabile, estenuante. Eppure non eravate gli unici a quei tempi a sposarsi e a partire. Come te e papà, tanti altri compaesani riempivano i vagoni.

Le campagne, non garantendo più il domani per tanti giovani, pian piano si svuotavano. Fu così che masse sempre più numerose di contadini iniziarono a lasciare le zone rurali per andare a popolare i centri urbani. Eravate tutti uguali su quel treno, accomunati da un medesimo destino di emigranti: la medesima valigia di cartone, un tozzo di pane e qualche straccio.

Dei poveri disgraziati, e mi scuso per questa definizione, che non avendo altra prospettiva, sceglievano di espatriare con la speranza di riuscire a crearsi un futuro dignitoso e garantire un'esistenza migliore ai propri figli.

GIANNI RODARI

IL TRENO DEGLI EMIGRANTI

Non è grossa, non è pesante
la valigia dell'emigrante...
C'è un po' di terra del mio villaggio,
per non restar solo in viaggio...
un vestito, un pane, un frutto
e questo è tutto.
Ma il cuore no, non l'ho portato:
nella valigia non c'è entrato.
Troppa pena aveva a partire,
oltre il mare non vuole venire.
Lui resta, fedele come un cane,
nella terra che non mi dà pane:
un piccolo campo, proprio lassù...
Ma il treno corre: non si vede più.

IL GIARDINO COI CILIEGI

Il lavoro in miniera pagava bene e nello stesso tempo, le condizioni economiche migliorarono in fretta per il mio papà. Dopo poco tempo, alla baracca di Lindeman, il villaggio fiammingo nel quale vi stabiliste, subentrò finalmente la casa popolare. Vi assegnarono cioé, una delle abitazioni costruite appunto per i minatori e le loro rispettive famiglie.

Pertanto, non si poneva il problema di dove abitare eppure cara mamma, fu dura lo stesso. E sebbene fossi rassicurata dal fatto di avere un tetto sulla testa e di non partire allo sbaraglio, lasciare i genitori e i tuoi fratelli fu motivo di profonda tristezza.

La casa che vi consegnarono, simile a tutte le altre di Lindeman, aveva i mattoni rossi, due ingressi e un bel giardino davanti e sul retro. Ricordo perfettamente i particolari interni ed esterni dell'abitazione poiché è proprio là che io e le mie sorelle siamo cresciute.

Il portone che dava sulla strada, era di vetro smerigliato color giallo ocra e aveva gli infissi in alluminio. Mi divertiva vedere i raggi solari riflettersi ed entrare dal vetro colorato per giocare e creare delle strie di arcobaleno nel corridoio. All'imbrunire, invece, le luci dei lampioni filtravano e rischiaravano le scale che conducevano al secondo piano. Il salone era abbastanza ampio e comprendeva il salotto e la sala da pranzo, mentre ai lati opposti due lunghe ed alte vetrate permettevano al sole di invadere la stanza, rendendola calorosa ed accogliente. La cucina non era grande e dava sul retro.

Mi ricordo una stufa in ghisa bianca che andava a carbone e l'orto al quale si accedeva dal portone posteriore. Non eravamo ricchi ma avevamo due bagni, uno al pianterreno e uno di sopra, con la vasca in ceramica e le piastrelle bianche.

Vi erano tre camere da letto una delle quali era per le mie sorelle e una più piccola per me. La casa, sebbene fosse arredata in modo sobrio era tenuta da te sempre in ordine e il giardino di narcisi, tulipani e rose, curato con la massima attenzione. Io, ero affascinata da un enorme ciliegio che dava sulla strada. In primavera, si riempiva di fiori rosa e alla prima folata di vento, una pioggia di petali soffici al colore dei confetti ricopriva il viale. Mi piaceva assistere a quello spettacolo che ogni anno nella bella stagione offriva quella magia di colori e di profumi. Simultaneamente, nel retro, un altro miracolo si operava. Accanto all'orto e ad un salice piangente, un maestoso ciliegio dai fiori bianchi si ergeva in un magnifico spettacolo. L'erba si ricopriva di petali candidi e leggeri mentre l'albero ormai spoglio, si preparava ad accogliere le buonissime duracine. I frutti dalla polpa dura e croccante, che avevano un sapore eccezionale persino acerbi, raggiungevano il culmine a maturazione avvenuta, quando, accarezzati e baciati dal sole, diventavano rossi e più zuccherini. Passammo dei momenti unici appese a quell'albero. Quando raccoglievamo le ciliege, tra i grappoli sceglievi le più belle e ne facevi degli orecchini che mi appendevi agli orecchi. Erano attimi di puro divertimento che ricordo con tanta nostalgia. Stavamo bene in quel villaggio che ci aveva visto nascere e a cui tu con il tempo ti eri abituata.

Tuttavia all'inizio non fu per niente facile per te adattarti al nuovo ambiente. Fosti costretta ad abbandonare il tuo vecchio modo di vivere, per entrare in una nuova realtà che stentavi a capire. Il clima umido, gli inverni gelidi e la freddezza di un paese in cui eri solo un ospite, rendevano le cose alquanto critiche. Eppure, nonostante tutto, avevi fatto la tua scelta e sapevi che non potevi tornare indietro. Mi ricordasti spesso quanto fu arduo integrarti sul lavoro.

Non eri abituata a tutto quel cambiamento e avevi bisogno di tempo. Ti ritrovasti a contatto con persone di altre razze e di altre culture con un problema di ordine pratico e dal valore non secondario da risolvere: la lingua. Era la cosa che ti preoccupava di più. "Mi parlavano, ma non li capivo" mi dicevi con tono rassegnato. Non conoscendo il francese e tantomeno le altre lingue straniere, avevi molte remore e sapevi di dover affrontare molti scogli e molti ostacoli. Malgrado ciò, non fu difficile trovar lavoro. Tutti erano alla ricerca di braccia da impiegare nelle fabbriche e tu fosti assunta subito come operaia.

L'impossibilità di comunicare e di interagire con gli altri, di comprenderli ti creava grandi frustrazioni. Per loro, riferendomi ai datori di lavoro, il problema linguistico era alquanto secondario se paragonato alla produzione. Alla fine della giornata contava soltanto che il target fosse raggiunto.

Invece per te, superare la barriera linguistica era di un'importanza primordiale.

Dapprima l'impresa si rivelò molto ardua. Ti recavi in fabbrica piena di angosce giacché dovevi adattarti e imparare le mansioni. Ti armasti di pazienza e con i mesi, apprendesti le più importanti e nel contempo, indispensabili nozioni del fiammingo.

Questo era fondamentale per una convivenza normale ed indispensabile per svolgere il tuo lavoro. Mi confidasti, come se avessi preferito rimuovere quel periodo dalla memoria, che non furono pochi i giorni in cui tornasti a casa in pianto. Avevi il terrore di essere sopraffatta dalla complessità di quei problemi e di quella lingua spigolosa e ribadivi in continuazione: "non esiste cosa più bella al mondo del sapere leggere e scrivere. Studia e cerca di apprendere le lingue perché se le conosci potrai girare il mondo". Si intuiva che per te si trattava di un vero e proprio handicap. Comunque alla fine, la perseveranza e gli sforzi, dettero i loro frutti, permettendo una mutua comprensione.

Le colleghe sul lavoro, con le quali eri riuscita finalmente ad instaurare un legame di amicizia, ti insegnarono persino a fare il saluto e a dire qualche parola in spagnolo, in polacco e in greco.

Ti impegnasti duramente e lavorasti per ben diciotto anni in più di una fabbrica, da quella dolciaria De Beukelaer di Anversa alla Bell Telephone e alla Philips, per concludere con quella automobilistica della Ford. Erano impieghi ben diversi tra loro e le mansioni crescevano in complessità. A dispetto di questo, accettasti le sfide facili o difficili che fossero. L'importante era avere una funzione dignitosa che ti permettesse di portare a casa il pane. Tempo dopo, ci trovammo a parlare dei lavori che fosti chiamata a svolgere ed io ero dell'avviso che quello alla De Beukelaer fosse stato il migliore.

Dal biscottificio ti permettevano di portare a casa sacchi di biscotti di ogni tipo. Erano dolci farciti al cioccolato, alla nocciola, alla pasta di mandorle. Frollini alla panna, alla cannella, morbidi o friabili. Dolcetti al burro. Assortiti con pezzi di frutta candita sopra. Secchi e croccanti, al gusto di arancia, di vaniglia, di pistacchio. Logicamente, si trattava dei biscotti non riusciti, rotti o esteticamente non presentabili che non potevano essere confezionati e messi in commercio. Che goduria e che delizia!

Mangiavamo dolci a sazietà e fu meraviglioso, almeno per noi figlie. Sarei curiosa di sentire oggi la tua opinione sull'argomento. Su alcuni punti fummo comunque sempre tutti dello stesso parere. Non esiste al mondo cioccolato migliore di quella belga e non incontrasti mai un lavoro più brutto ed estenuante della catena di montaggio alla Ford. Dovevi indossare dei pesanti stivaloni e i tappi nelle orecchie, per evitare che il rumore assordante ti arrecasse dei danni irreversibili all'udito. Il tuo compito consisteva nell'assemblare un unico pezzo, tramite movimenti ripetitivi e meccanici. Era dura per l'operaio, pur tuttavia conveniva all'azienda alla quale permetteva di risparmiare sui tempi di produzione.

Basta andare a rispolverare il vecchio film di Charlie Chaplin in 'Tempi Moderni' per avere un'idea di quello che fu la tua vita in quella grande filiale d'automobili.

Bloemen kijk uit

TIM Munsterbilzen
15, 16, 17, 18 en 19 juni 1989

MUNSTERBILZEN, op de grens van zand- en leemgrond, heeft een bodem die alle gewassen laat gedijen.

Na de tweede wereldoorlog stond de groenteteek op de eerste plaats.

Vermits de grote afzet naar het buitenland verminderde, gooide men het op de kultuur van sierstruiken en koniferen. Meer en meer serres werden gebouwd.

Een zeventigtal kwekers hebben een gelukig initiatief genomen. Met verenigde krachten werd een modeltuin over 2.000 m2 aangelegd. Tuinarchitekt Christ De Vreese uit Munsterbilzen ontwierp hem. Hij tekende een oase van rust met plaats voor 27.000 bloemen, tientallen sierheesters en koniferen, groente en kruiden.

Over een niveauverschil van 1,80 m verspreidde hij verschillende zones begrensd met gazonstroken en wandelpaden. Ook is er een vijver van 6 m doormeter met een rustige pergola en zithoekjes. De tuin wordt aangepast verlicht en volledig afgeschermd tegen storende invloeden van buitenuit.

Deze modeltuin werd aangelegd in het Gemeentelijk Technisch Instituut van Munsterbilzen, ter gelegenheid van hun jaarlijks Kijk Uit-feest. Door de plaatselijke middenstand wordt een jaarmarkt georganiseerd. T.I.M. toont de werken van zijn leerlingen. De resultaten van alle aktiviteiten kunnen bezichtigd worden in de werkhuizen. Dit initiatief van Tuindersbond, B.G.J.G., Technische School, gemeentebestuur is een uniek gebeuren voor wie van tuinen houdt.

15, 16, 17 juni van 9 tot 24 uur, 18 en 19 juni van 13 tot 24 u.

Henri Wouters op pensioen ...

Blij met de vele blijken van sympathie nam Henri Wouters afscheid van zijn bedrijf.

HENRI Wouters ging met pensioen. Hij werkte gedurende 15 jaar en twee en een half maand in ons bedrijf. «Nooit had ik zenuwen, maar op deze laatste week ben ik een beetje aangegrepen», is het kommentaar van feesteling.

Henri werkte aan de vensterramen in de personenkoetswerkbouw. Hij werd overgeplaatst naar de deurenkaroussel maar kwam later terug naar de vensterramen.

Na 13 jaar werd hij slachtoffer van een dijbreuk en raakte medisch geperkt. Vanaf toen werd hij belast met het inoliën van deuren, alvorens deze verzonden worden.

De 35 personeelsleden van de afdeling werden goede vrienden. Henri hield van het bedrijf. Maar nu de tijd van pensioen gekomen is, was geen keuze mogelijk.

Henri is gehuwd en heeft 4 kinderen. «Mijn echtgenote Louisa en mijn 2 jongens, 2 meisjes en kleinkinderen, vormen het mooiste gezin dat ik ken», zegt Henri.

Vroeger was Henri suikerbakker. Een korte tijd was hij timmerman, werkte aan de autostrades. Tenslotte eindigde hij zijn beroep op dit bedrijf. Een dochter is een suikerbakker en prepareert de fijne dingen, die Henri vroeger bakte. Henri was hier niet alleen, heeft een broer, 3 schoonbroers en 9 jongens en meisjes, wat Henri oom is op het bedrijf.

TOEKOMST

«In de toekomst zal ik niet zitten: ik help mijn kinderen met het bouwen van hun huizen. Verder ik erg aktief in de gemeente waar ik woon. Ik ben lid van wat verenigingen in de parochie.

Tegelijk met Henri vierde Jos Liekens, eveneens werkzaam de afdeling.

Jos kwam terug van het leger zet nu zijn taak als polierder vensterramen verder.

Na het officiële gedeelte bedrijf, met overhandiging klassieke tinnen schotel van drijf, ging de viering 's avonds der in een gezellige zaal te Beverst.

Meestergast en kollegas zorgden voor de organisatie van een feest, waar iedereen het glas hief de toekomst van Henri en zijn familie. Men hield eraan ook echtgenote Louise in de bloemetjes te zetten. De meesten van de afdeling waren present. «Alle nationaliteiten en leeftijden zijn hier vertegenwoordigd», lachte Henri. «Ik zal de beste herinneringen bewaren aan mijn periode bij Ford.»

Afscheid nemen van goede vrienden is niet zo prettig. Dit beeld verenigt een fijne groep samenwerkende medewerkers.

A dispetto delle mansioni alienanti e al di là di tutto il resto, mi rammento ancora di come ti barcamenavi tra casa e catena di montaggio. La fabbrica aveva la sua sede in Germania, e ci volevano un paio d'ore d'autobus per andare e altre due per ritornare. Ma prima di partire, dovevi pensare alle tue figlie e alle faccende domestiche. C'era da fare i letti, preparare il pranzo, lavare, stirare, rammendare e pulire casa. Dopodiché potevi correre a prepararti per recarti al lavoro.

Perché e non mi stancherò di ripeterlo, hai dato sempre la priorità alla tua famiglia e fosti innanzitutto una mamma instancabile ed una moglie devota.

Davi molta importanza all'igiene personale e la pulizia degli indumenti era fondamentale. Per cui le tue bimbe erano lavate e stirate e con i capelli sempre in ordine. Ricordo che avevi la mania di farci indossare i calzini bianchi. Per te era segno di ordine e di lindore.

Nel tempo libero, quando riuscivi a tirare un sospiro tra una faccenda e l'altra, rammendavi. Proprio così, perchè avevi il tuo motto: "dove non metti l'ago finirai per mettere la testa".

È evidente che non hai mai avuto il tempo di pettinare le bambole.

A proposito, mi sovvengo di un particolare che mi fece tanto pensare. In fabbrica eri tenuta a rispettare i turni e quando facevi il pomeriggio, lavoravi dalle due alle dieci di sera.

Era pressocchè mezzanotte quando in autobus rincasavi. Furono i turni più brutti della mia vita, mammina adorata e solo ora, a mente lucida, posso confessartelo. Erano settimane terribile e quelle che temevo di più in quanto, non avevo la possibilità di vederti. Dormivi mentre io mi preparavo per andare a scuola al mattino e nel pomeriggio quando rientravo tu eri già partita.

Ricordo di averti scritto un biglietto e di averlo lasciato sul tuo cuscino un bel giorno, mentre tra i singhiozzi abbracciavo il mio zainetto e mi preparavo, come tutte le mattine, per uscire. Dovevo sfogarmi e renderti partecipe della mia desolazione, della mia disperazione per le tue assenze forzate che mi rifiutavo di accettare. Perchè erano tanto cattivi da non permettermi di vedere la mia mamma? Perchè mi facevano questo? Penso proprio di averli odiati.

E tu con immenso affetto, il sabato successivo a quella mia lettera, ti alzasti presto e venisti ad abbracciarmi nel letto. Come eri tenera mentre mi stringevi e mi riempivi di coccole. Sapevo che non era colpa tua e in quel momento di grazia mi riconciliai con il mondo intero.

Rammenti invece i turni di mattina? Rincasavi alle tre del pomeriggio.

Era meraviglioso rientrare da scuola e trovarti pronta ad accogliermi. Ti avevo finalmente tutta per me e m'illudevo che tu avessi il tempo per giocare un po'. Ma tu tesoro mio, non stavi in piedi dalla stanchezza e avresti tanto voluto riposare. Mi dicevi: "Amore della mamma, giochiamo dopo. Adesso andiamo a sdraiarci una mezz'ora sul letto e ti racconto una bella storia." E così davi inizio alla favola: "C'era una volta una mamma tanto, tanto stanca che aveva tre figlie...." e a quel punto i tuoi occhi diventavano pesanti e in pochi attimi sentivo il tuo respiro diventare più lento e più profondo. Avrei voluto conoscere il seguito di quella storia che non riuscisti mai a completare.

Dal modo in cui dormivi si intuiva tutta la spossatezza e l'estenuazione che ti logorava. Provai a scuoterti, a svegliarti perchè volevo che continuassi nella narrazione, ma vedendo quanto fossi sfinita persino io, sebbene molto piccina, compresi che non dovevo disturbarti oltre. Nei pomeriggi successivi facesti la stessa cosa, riuscisti a portarmi sul letto con la scusa di quel racconto di cui non conobbi mai la fine. Rimasi per molto tempo con la curiosità e poi un bel giorno mi resi conto che quella storia appena iniziata non poteva avere un finale in quanto, era la storia della nostra famiglia che mi stavi raccontando.

Mi guardasti, commossa e sorridesti, con uno sguardo grande come il cielo e bello come il sole, sapevi che avevo capito. Eppure c'era poco da scherzare. Il lavoro in fabbrica era duro ed era prettamente maschile.

Solo poche donne resistevano alla fatica e ai turni massacranti. Mentre tu impavida, avevi stretto i denti, e ti eri fatta coraggio. Dovevi pensare alle bimbe, la tua unica priorità, di conseguenza, non avevi potuto far altro che rimboccarti le maniche per benino ed adattarti, ecco tutto. Non fu certo una passeggiata.

Hai sgobbato come un mulo dentro e fuori casa e non ti sei lamentata. Per sopportare lo sforzo e il dolore fisico andavi avanti ad aspirine e coca cola. Ricordo le tue tartine a base di burro e zucchero e le ballerine che calzasti in pieno inverno. Quando il termometro scendeva di molto sotto lo zero e la temperatura precipitava vertiginosamente, il gelo insidioso ricopriva con il suo manto biancastro ogni cosa, animata ed inanimata.

Diventava pungente per i passanti e per i motociclisti, pericoloso per le auto e i mezzi in strada, invivibile per tutti. Mi dicesti che tra il 1962 e il 1963 si registrò uno dei più freddi inverni del dopoguerra e per te, che eri abituata al sole caldo del Sud e alle giornate temperate, non fu di certo facile convivere con un clima tanto inclemente. Non avevi stivali e quelle scarpe basse con più di venti centimetri di neve fuori dalla porta, non aiutarono di certo il tuo stato psico-fisico.

E non fu dovuto al caso se, con il freddo tagliente e i piedi bagnati, ti beccasti una broncopolmonite.

Ci furono altri inverni rigidi dopo quello, nel 1965 e nel 1978. Quest'ultimo lo rammento perfettamente, perchè l'ho vissuto in prima persona.

Avevo otto anni. Al mattino, ci svegliavamo ed era impossibile guardare fuori. Una patina bianca, molto spessa, irremovibile, rivestiva le finestre ed inibiva la visuale. Le vetrate nelle stanze, al secondo piano, erano bloccate e per quanto provassimo, non riuscivamo a scollarle. Poi, dopo vari tentativi e adoperando molto sale, riuscimmo ad aprirne una. Il giardino, il viale, gli alberi, tutto era bianco.

La fitta nebbia e la brina avevano ricoperto Lindeman e il gelo sul viso pungeva talmente da non sentire più il naso.

Non aveva nevicato, eppure pareva di essere al Polo Nord. Sporgendo la testa fuori e guardando verso il basso, scoprimmo che dal davanzale pendevano dei lunghi ghiaccioli. Ce n'erano di forme e grandezze differenti e assomigliavano proprio a stalattiti. Ero curiosa, perchè non avevo mai visto una cosa del genere da vicino, se non nei libri, in tv, nelle grotte e volevo toccarli. Misi un paio di guanti e forzando leggermente ne staccai uno. Era bello, aveva la forma di una carota, ma aveva il colore del cristallo ed era durissimo. Poi a contatto con la temperatura che avevamo all'interno e il caldo della stufa, iniziò piano piano a sciogliersi e a diventare sempre più fino e trasparente.

Dopo qualche minuto avevo le mani vuote ed inzuppate, il ghiacciolo si era fuso lasciando una piccola chiazza d'acqua ai miei piedi. Quelle giornate erano straordinarie per noi in quanto a causa delle intemperie potevamo rimanere a casa. Per te invece, non cambiava nulla. Prima di mettere il piede fuori dalla porta occorreva spargere di sale tutto il vialetto fino alla strada. Tanto più che era in pendenza e gli scivoloni stavano sempre in agguato.

Che piovesse, gelasse o nevicasse il dovere ti chiamava e tu dovevi andare. Sacrifici ne hai fatti tantissimi e di tutti ne hai pagato sempre le estreme conseguenze. Le mansioni alienanti, gli sforzi fisici, i rumori assordanti, per non dimenticare le preoccupazioni, hanno messo a dura prova la tua salute. E con le responsabilità della casa e le figlie piccole da crescere, hai avuto sempre il tuo bel da fare.

Papà, quando finiva il suo turno in miniera, ti portava una tuta nera, nera, da lavare e tu nella vasca bianca, non avendo la lavatrice, calavi quell'indumento, cercando di renderlo al suo colore originario. Riscaldavi pentole d'acqua, sulla stufa di ghisa bianca che avevamo in cucina e riempivi la vasca prima di calarvi quell'abito sporco di miniera.

Improvvisamente, l'acqua diventava scura, nera come il nero di seppia. Era pesante e scura quella tuta, impregnata d'acqua e sporca di carbone che, come le macchie d'inchiostro sugli abiti, era difficile da togliere. A quel rituale, assistei quasi ogni giorno. Dal modo in cui la sollevavi capivo che non doveva essere molto leggera. Dopo averla insaponata e rischiarata diverse volte, sotto l'acqua corrente, facevi fatica a torcerla. Poi, la strizzavi con tutta la forza e la stendevi ad asciugare affinché fosse pronta per la mattina seguente.

Logicamente il babbo aveva il cambio, ma quella tuta da lavoro, doveva comunque essere lavata ed asciugata e pronta all'impiego. Non ti vidi mai intenta a guardar un programma alla tv. Nemmeno durante il fine settimana. Era già un miracolo se riuscivi a sederti durante i pasti. Correvi da tutte le parti, cercando di fare del tuo meglio affinché avessimo i vestiti lavati e stirati per la settimana e per lasciare la casa in ordine prima che arrivasse il lunedì.

Chiaramente non vi era tempo per annoiarsi e tra i turni alla Ford e quelli di papà in miniera le giornate passavano in fretta. Quanta fatica e quanti sacrifici nei ricordi che ho di te!

Poesia per la Festa della mamma
di *Angiolo Silvio Novaro*

Il sorriso della madre

Benedetta la casa
illuminata dal sorriso della madre!
Sorriso della madre!
Più nitido e luminoso del primo raggio di sole
quando appare alla creatura
che riapre gli occhi al mattino, lusinghiero
quando saluta e dice addio da un davanzale
e accompagna fino alla svolta della strada,
e chi si allontana se la porta nel cuore e la
strada gli sembra più amabile di ieri e il
mondo gli sembra più roseo...

UNA VITA SPESA PER AMORE

Poi quando smettesti di lavorare nell'80 e le tue bimbe furono abbastanza grandi per badare a se stesse, speravi di poter tirare un sospiro di sollievo e stare tranquilla. E invece non andò in quel modo, perchè il destino aveva già deciso diversamente.

Papà, già pensionato, non voleva più sentirne parlare di continuare a fare l'emigrante e volle ritornare in patria. Fu cosi che nel giugno del 1981 rientrammo in Italia.

Lo avevi assecondato ancora una volta e per seguirlo, lasciasti a malincuore le mie sorelle già maggiorenni e per fortuna autonome e partisti tenendomi la mano. Non avevo che undici anni quando ritornammo in Calabria e ci stabilimmo a Guardia Piemontese.

A dirla tutta; proprio come te avrei preferito restare in Belgio, accanto alle mie sorelle. Si vedeva che soffrivi tanto. Il tuo cuore di mamma era diviso in due e ti preoccupavi se non le sentivi, se non ti assicuravano di stare bene. Sebbene avessero deciso di vivere da sole, tu avresti voluto tenerle ancora sotto la tua ala protettiva e occupartene. E il distacco ti pesò molto.

Eravamo talmente inserite nel sistema e nella società belga che ci aveva accolte e adottate, da sentirci ormai parte integrante dell'insieme.

Da giovane emigrante, che aveva lasciato la terra natia per trasferirsi all'estero, facevi ritorno al paese dando luogo a quel processo inverso comune a tutti quelli che, dopo decenni passati a far sacrifici fuori, decidevano di rimpatriare. Fu comunque, un nuovo inizio per noi che diede una svolta decisiva al nostro destino.

Da emigranti per i belgi diventammo "belgesi" per gli italiani. In sostanza non ci sentivamo più a casa da nessuna parte. Nuova scuola, nuovi amici per me. Nuova vita lontana da buona parte della famiglia per entrambe. Il luogo delle villaggiature estive, poco distante dal convento di San Francesco di Paola, sulla costa tirrenica, divenne la nostra residenza .

Abitavamo ad un centinaio di metri dal mare.

Dopo tante sofferenze e tante prove, avresti voluto godere del meritato riposo e soprattutto di serenità. Ma tu non lo sapevi. Il cielo aveva in serbo altre sorprese.

Fu la ricompensa ad una vita spesa male, pensai spesso vedendoti soffrire a causa della malattia e sentendomi impotente davanti al dolore che ci travolgeva.

Che rabbia che mi fa il solo pensiero. Non te ne faccio una colpa, però sono del parere che se avessi preso più cura della tua salute, se avessi subito meno e non avessi conosciuto tutti quei patimenti, avresti vissuto ancora a lungo.

Probabilmente avresti dovuto pensare di più a te stessa e un po' meno al tuo prossimo, ecco tutto.

Generosa e sempre con il sorriso, hai accettato tutto con umiltà. Sarà retaggio dell'educazione ricevuta, di quella mitezza d'animo che ti ha contraddistinta, di una grazia donata dal Cielo, io non ho giammai visto alterigia nei tuoi atteggiamenti, né tantomeno superbia.

Quando subivi un'umiliazione o un'offesa abbassavi il capo e stavi in silenzio. Da dove hai tirato tutta quella pazienza me lo sono chiesta per molti anni. Ora che son cresciuta e maturata, l'ho capito finalmente. Non era nelle tue abitudini, replicare, rispondere male.

Tacevi con tono dimesso e cosa ancor più sorprendente, non portavi rancore. Eppure hai sofferto molto e so che di mortificazioni ne hai dovute subire tante.

Da donna intelligente avevi capito quanto inutile fossero l'ira, distruttive la violenza e la vendetta e soprattutto, quanto utopistica fosse la corsa sfrenata alla ricchezza. Lavoravi non per arricchirti o per smania di grandezza, si trattava più che altro di un'esigenza dettata dalla famiglia da mantenere e delle figlie da crescere. Tu non hai vissuto per il denaro, perchè solo le persone care hanno avuto un posto nel tuo cuore ed è ad esse che hai dedicato tutta la tua esistenza.

Sebbene le condizioni economiche della nostra famiglia fossero buone, non hai pensato nemmeno per un attimo ad ostentar l'agiatezza. Anzi, lo sfarzo e l'opulenza ti hanno sempre un po' infastidita. Persino quando papà ti portava in vacanza da qualche parte nel mondo, lo hai accompagnato più per dovere che per vero e proprio piacere. Ricordi quante volte, con le valigie già pronte dalla vigilia e l'auto carica dei bagagli che avevi preparato stando in piedi fino a tardi, passavamo a prenderti in fabbrica per partire in Italia. Capitava in occasione delle ferie estive e tu, dopo un'estenuante giornata di lavoro, dovevi esser pronta ad affrontare anche quel viaggio, di duemila chilometri, diretto in Calabria. Sono sicura che avresti preferito tornare a casa e riposare innanzitutto. E sono convinta che avresti rinunciato ben volentieri ad un giorno di mare piuttosto che partire frettolosamente. Questa, comunque, è soltanto una mia idea.
Ma resta la constatazione che viaggiare ti affaticasse molto.

Quantunque ti stancasse spostarti, sono felice del fatto che il babbo sia riuscito, il più delle volte, a persuaderti a fare i bagagli. È per questo che di posti ne hai visitati tanti. Ce ne voleva, comunque prima di convincerti a partire. Fu così che ti portò a Cannes, in Costa Azzurra, a Madrid e Barcellona anteriormente alla mia nascita. Partivate in campeggio e dormivate in tenda.
Rammenti quando avevo sette anni e andammo tutti e cinque a Parigi? La famiglia allora era al completo. Partimmo in macchina e mi sovvengo che faceva un caldo torrido quel giorno. Andammo al Louvre e visitammo la Gioconda. Percorremmo a piedi les Champs-Élysées fin sotto all'Arco del Trionfo e raggiungemmo, facendo le scale, il primo piano della Tour Eiffel. Stanchi e accaldati per la salita, ci bagnammo i piedi nella Senna e seduti sul bordo del

fiume, guardammo gli affollati bateaux-mouches scivolare sull'acqua dolcemente. Fu una bella gita e ci divertimmo un mondo, nonostante l'afa e le zanzare.

Ricordi quando io ero appena adolescente e papà ci portò sulla costiera amalfitana? Fu nell'estate del 1984, partimmo da Guardia Piemontese e ci vollero tre ore di macchina prima che arrivassimo.

Che meraviglia, Sorrento! Un panorama senza pari. Prendemmo l'aliscafo e raggiungemmo Capri. Visitammo la piazzetta, i Giardini d'Augusto, anche la Grotta Azzurra e i Faraglioni. Furono giorni spensierati e luoghi talmente belli da mozzare il fiato. Nel pensarci, mi sembra di sentire ancora il profumo degli oleandri e degli agrumi. Se la memoria non mi inganna, in quell'occasione ci fermammo ad ammirare le splendide ceramiche di Positano e poi, sulla via del ritorno, ci gustammo una granita sul lungo mare di Salerno, all'ombra delle enormi palme che ne caratterizzano la bellezza.

La tua salute era alquanto altalenante a quei tempi, ma nonostante tutto, eri una donna molto combattiva e dinamica.

Soffrivi di reumatismi e artrosi e ti capitava di farti ricoverare a causa dei nervi infiammati. Di notte, il dolore alla schiena, alle braccia e alle gambe ti costringeva a stare a cavalcioni sul letto senza poter chiudere occhio.

Terminata la cura ti riprendevi e tornavi alle faccende di tutti i giorni. Ma quante medicine ingoiavi per controllare il dolore. Avevamo una credenza intera piena di farmaci di ogni genere.

Passavi dagli antinfiammatori, Voltaren, Aulin e Mesulid alle punture di cortisone. Dovevano sempre stare a portata di mano. Il mal di schiena non ti dava tregua. Avevi alcuni anelli spostati per cui i medici ti avevano costretto ad indossare un busto. Ma le stecche di ferro, che ne costituivano la struttura, ti facevano un male insopportabile. Le infiltrazioni nelle ossa che fosti costretta a subire non le contammo più, ricordo solamente che piangevi per il dolore.

Ci fu un breve periodo di tregua in cui, dopo esserti sottoposta alla laserterapia e a diverse risonanze magnetiche, ti riprendesti un po'.

Comunque, non ci furono altre occasioni di fare gite insieme con me, dopo quella ad Amalfi.

In estate, con il caldo e il sole, i tuoi dolori diminuivano e papà, che ha sempre adorato conoscere il mondo, ti convinceva ad andare in vacanza con lui. Approfittando della bella stagione riuscì a coinvolgerti ancora tante altre volte. Andaste in Florida, a Washington e in Canada. Partivate in aereo e facevate delle vacanze meritate di dieci o quindici giorni. Adorasti il Marriot e lo Sheraton. Soggiornare in quegli alberghi fu senz'altro tra le cose che apprezzasti maggiormente, ancor più se paragonate alle vacanze in tenda e in roulotte che caratterizzarono i primi anni del vostro matrimonio. Degli ultimi viaggi e dei luoghi che visitasti accennasti spesso ai parchi di Orlando. Il Walt Disney World era riuscito ad incantarti con la sua fantascienza, i suoi studi cinematografici e i suoi spettacoli.

Ricordi quando l'anno seguente andaste a Sanpietroburgo e a Mosca? Ritornasti con dei souvenirs per ciascuna delle tue figlie: erano delle vivacissime matriosche in legno che ancora conserviamo. Mi parlasti della Piazza Rossa, della Cattedrale di Pietro e Paolo, degli edifici in stile barocco e dell'Ermitage.

Eri impressionata dalla Reggia Imperiale degli zar, dallo sfarzo del Palazzo di Marmo. A rovinare tutto sopraggiunse in quei giorni una spiacevolissima intossicazione alimentare.

Tra ricordi belli e quelli meno, non si può certo dire che non hai girovagato. Eppure, di tutti i luoghi in cui eri stata, solo una città ti rimase nel cuore. Quella fu la sola volta che ti vidi veramente entusiasta nel descriverla. Decantavi lo splendore e l'eleganza raffinata di Vienna.

Il Castello di Schönbrunn con i suoi splendidi giardini, il ritratto stesso dell'Imperatrice Sissi circondata dalle serre, nel suo Palazzo, senza ombra di dubbio ti avevano conquistata. Il fatto che la capitale austriaca fosse estremamente, signorile, discreta e nel contempo immersa nel verde si addiceva maggiormente alla tua indole. Lo splendore dei castelli incastonati, come pietre preziose, nei fastosi giardini e nei parchi fioriti, ti davano la dimensione esatta di un'epoca, alla quale avresti probabilmente voluto appartenere. Non voglio dire con questo che ambivi ad altro ma semplicemente che avevi il gusto del bello e che i tuoi canoni erano quelli del garbo e della sobrietà.

Comunque, sebbene non fossi tornata che raramente lamentandoti da qualche viaggio, da buona donnina di casa, sono convinta che avresti di gran lunga preferito startene tra le mura domestiche ad occuparti delle solite faccende.

Eravate appena tornati da una vacanza in Portogallo e precisamente da una visita alla Madonna di Fatima quando scopristi di essere gravemente malata.

LA NOSTRA NAPOLEONE

Nell'ottobre del 1995 ti diagnosticarono il tumore al seno e partisti per Bruxelles dove il centro Oncologico di riferimento, dell'Institut Jules Bordet, ti accolse e ti operò d'urgenza. Quanta fosse la tua paura solo Dio può saperlo, sono comunque sicurissima che piangessi di notte quando nessuno poteva vederti.

Eppure non vacillasti, nemmeno per un attimo, in mia presenza.

Ti dimostrasti forte e ti rimettesti con umiltà nelle mani della Misericordia Divina alla quale affidavi la tua anima e la nostra ogni giorno. Fu tanta la paura che avemmo per la tua sorte, per non parlar dell'effetto traumatizzante che la notizia ebbe su di me. Tu che ancora a quei tempi eri la persona più importante della mia vita. La diagnosi ci cadde addosso come una doccia gelata in pieno inverno. Nessuno di noi era preparato ad una notizia del genere. Se ne sente parlare sempre da conoscenti e attraverso i mass-media e quantunque si sia sensibili a questa piaga, ci muoviamo pressoché tutti nell'assurda utopia che ciò non possa toccarci personalmente.

È soltanto quando noi stessi o una persona cara ne sono affetti che ci rendiamo conto delle nostre stupide illusioni e siamo richiamati alla dura realtà. Con questo intendo dire che, sebbene non fossimo indifferenti all'esistenza di questa malattia e ne conoscessimo gli effetti devastanti e la crudeltà, apprendemmo la notizia come un colpo di pistola in mezzo al cuore. Il solo pensiero di non vederti per tanto tempo, considerato il fatto che tra chemio, radioterapia, visite di controllo e convalescenza ti tennero là per più di otto mesi, mi faceva impazzire. Divenni anoressica e quantunque fossi un metro e settanta di altezza, la bilancia segnava quarantanove chili.

Preoccupata per le tue sorti ed ignara di quello che sarebbe accaduto, stavo sparendo, mi stavo annientando nel fisico e nella mente. Era il peso di quella crudele verità: apparsa senza alcun preavviso, brutalmente, crudelmente, che mi aveva totalmente annichilita. Lasciai l'università e caddi in depressione.

E questi non furono che gli effetti secondari della malattia che io stavo subendo e che tu stavi affrontando in prima persona.

Per me furono ore lunghissime quelle che tu, a duemila chilometri di lontananza, attraversavi nella sala operatoria. Era il 5 di novembre e snocciolavo il rosario, invocando con fede la Misericordia di Dio. Non m'importava che ti portassero via il seno, non m'importava che fossi lontana e che non potessi abbracciarti, l'unica cosa che mi stava a cuore in quegli istanti è che ti salvassero, che potessi vivere. Tutto il resto per me non contava. All'oscuro di quello che il Cielo aveva in serbo per te e per noi, stetti per ore inginocchiata davanti al Sacro Cuore di Gesù. Avevi creato un piccolo altarino in casa, dove avevi posto al centro il mezzo busto di Gesù circondato da fiori. I suoi occhi pieni di amore e di tenerezza li avvertii su di me e la sua mano forte, che guidava quella dei chirurghi, non mi lasciò nemmeno per un istante. LUI era al tuo capezzale e vegliava su di te e fu accanto a me e mi sostenne in quei momenti difficili.

Superasti l'anestesia e l'intervento. Ricordi? Furono la tua secondogenita e suo marito ad accuparsi di te con amore . Ti erano accanto nei momenti difficili, durante le chemio e nelle fasi più critiche. Non ti mollarono un solo attimo i tuoi cari figli e ti riempirono di mille attenzioni. Il loro aiuto fu provvidenziale ed è anche grazie al loro affetto se ti riprendesti bene.

Dopo una convalescenza durata nove mesi, proprio come per le gravidanze, tornasti a casa, a Guardia Piemontese, il 7 luglio del 1996, più in forma che mai. I capelli persi durante le cure erano ricresciuti. Erano cortissimi e ti stavano benissimo. Il solo grande problema scaturiva dal tuo seno enorme, in quanto, la mastectomia aveva lasciato una deformità evidente tra la parte destra e quella sinistra del tuo corpo. Per non subire un altro intervento di chirurgia ricostruttiva, al posto della parte asportata, ti avevano dato una protesi in silicone esterna che nascondeva il difetto. Ci volle tempo prima di arrivare ad accettare l'immagine che vedevi riflessa nello specchio. Comunque la spuntasti anche con l'aiuto di grandi foulards.

In pochi mesi, sembrava che fossi riuscita ad attutire il colpo e che avessi appreso ad affrontare l'argomento con una certa ironia e leggerezza. In sostanza, la menomazione, che tanto ti aveva fatto soffrire all'inizio e deturpato per sempre, perse con l'andare del tempo parte della sua atrocità. In realtà, la ferita c'era ancora ed era un brutto squarcio che dalla mammella saliva fino all'ascella, dove tra l'altro, dovettero asportare anche le ghiandole affette. Il segno era là in bella vista quantunque tu avessi appreso a conviverci, ecco tutto.

L'altro trauma che imparasti a superare con il tempo, fu la perdita dei capelli. Ti avevano annunciato che a partire dalla prima chemio ne avresti persi parecchi e che alla terza, non ne avresti avuti più. Al risveglio la mattina, trovavi i ciuffi di capelli sparsi sul cuscino ed era un calvario. Il tuo caschetto bruno non teneva più. La tua bella frangia si affinava giorno dopo giorno e quando scorrevi il pettine le ciocche venivano via come se non avessero mai fatto parte di te. Scivolavano fino ad arrivare a ricoprire il suolo ed era a dir poco devastante.

I capelli erano ormai ovunque, in bocca, sui vestiti, nei cappelli che usavi per nascondere il problema. Poi rassegnata, li tagliasti corti, corti. Ma nemmeno quello fu sufficiente, le chiazze vuote sul cranio non erano belle da vedere e cominciasti ad indossare la parrucca.

Ci volle molto tempo anzi, la fine della cura prima che i capelli cominciassero a spuntare di nuovo. Quando apparvero però erano più folti e lucenti che mai. Guardandoti allo specchio, tu non ti piacevi. Ti trovavi brutta e senza grazia e ti rifiutavi di ammettere che quel taglio alla maschietta ti stava bene. Quel nuovo stile, deciso dal destino e non dal parrucchiere, invece ti svecchiava, ti rinnovava, come se stessi rinascendo dalle tue stesse ceneri.

Naturalmente, questo era ciò che noi tutti avremmo voluto. Fu, fino all'ultimo minuto, la nostra speranza. Stavi risorgendo come la fenice e abbiamo creduto veramente nella tua guarigione.

Bisognava aspettare, ci dicevano con cautela i medici. Dovevi riuscire a superare i primi cinque anni senza ricadute. Malgrado gli sforzi che facesti per rimetterti in piedi, malgrado le cure e tutto l'impegno, la malattia non ti dette tregua. La battaglia era dura ma tu non avevi alcuna intenzione di arrenderti. Amavi la vita, amavi troppo la tua famiglia.

Devo riconoscere che ce la stavi mettendo tutta. E fu con la nascita di mia figlia nel 1998, esattamentre tre anni dopo il tuo intervento, che dimostrasti nonostante la traumatica esperienza, la tua voglia di esistere. Avevi ancora tanto amore da dare. La bimba, venuta al mondo, ti aveva ridonato il sorriso e tutta la gioia che le sofferenza e la malattia avevano adombrato.

Eri felice proprio come una Pasqua e correvi indaffaratissima da tutte le parti. Il giorno in cui io e Giulia rientrammo dall'ospedale, dopo il parto, trovai l'appartamento pronto ad accogliere la nascitura. Avevi pensato ad ogni cosa, dai fiori, ai nastri rosa, torte e pasticcini sul tavolo e la camera addobbata per la nuova arrivata. Tutto era perfetto, caloroso. E poiché non ti ho ringraziata a sufficienza per quello che hai fatto, è giunta l'ora di recuperare. Al mattino, spesso mi aiutavi a farle il bagnetto e poi prendevi la tua nipotina in braccio e te la strapazzavi di baci. Ti piaceva occupartene e mi insegnasti tante cose sui bambini.

Quante canzoncine, filastrocche e poesie le facesti ascoltare. E lei come sotto ipnosi, ti stava a guardare. Rammenti la ninna nanna che recitavi dolcemente per farla addormentare:

Stella stellina
la notte s'avvicina:
la fiamma traballa,
la mucca è nella stalla.

*La mucca e il vitello,
la pecora e l'agnello,
la chioccia e il pulcino,
la mamma e il suo bambino.*

*Ognuno ha il suo piccino,
ognuno ha la sua mamma
e tutti fan la nanna.*

Ricordi che fosti lieta di essere la sua madrina di battesimo? Ne eri fiera, orgogliosissima. In realtà sei sempre stata molto di più per lei. Una super nonna, una vice-mamma e una compagna di giochi. Le insegnasti a recitare ogni sera la preghierina dell'Angelo Custode.

Mi sovvengo del primo viaggio che facemmo insieme con la piccola. Prendemmo l'aereo e la portammo in Belgio. Lei aveva appena due anni allora ed eravamo stati invitati a casa di mia sorella per festeggiare la Pasqua. Avemmo così, la possibilità di ritrovarci, anzi sentivamo proprio l'esigenza di stare tutti insieme. Il tepore primaverile e le giornate soleggiate ci permisero di fare delle lunghe passeggiate durante quelle due settimane.

Era piacevole stare all'aria aperta e i viali ordinati e i ciliegi in fiore, rendevano le uscite ancor più gradevoli.

Fu in quell'occasione che portammo la piccola allo zoo di Anversa.

Ti sovvieni di quel giorno? Lei era affascinata dalle giraffe, dalle tigri e dai pavoni e tu la seguivi con occhio attento e pieno di tenerezza. Sebbene fossimo abituati a quel clima e ci fossero dei nuvoloni scuri e minacciosi, il sole di tanto in tanto faceva capolino. Era là timido e non chiedeva altro che di venir fuori dal grigiore invernale. Fortunatamente per noi quel giorno non è piovuto.

In questi anni ho pensato molto al rapporto che avevi instaurato con mia figlia. Dall'attimo in cui ti mostrai la prima ecografia, rimanesti incredula e felice a guardare quel feto che era parte di me e che era anche parte di te. La tua continuazione.

Vi ha sempre unite un sentimento che va al di là dell'immaginazione e vi lega ancor'oggi un filo invisibile che da qui giù parte e s'innalza al di là delle nuvole, per raggiungerti in quella dimensione dove non esiste il dolore, non esistono barriere.

Su quel filo si susseguono fino all'infinito i segnali di quell'affetto reciproco e puro che, né il tempo, né lo spazio, né le avversità potranno mai cancellare. Parlo dell'amore che hai avuto nei suoi riguardi.

È un amore assoluto, incodizionato che le hai donato e che lei ha sperimentato con gioia. Ho constatato in questi anni, sentendola parlare di te e vedendola piangere per la tua mancanza, che ha saputo coglierlo, assaporarlo tutto, nella sua integralità e lo serba gelosamente nel suo cuore.

Rammenti ancora che fosti tu ad insegnarle a scrivere il suo nome? E il primo giocattolo glielo comprasti tu. Era un bel bambolotto che chiamammo subito 'Tiberio'. Credo che ce l'abbia ancora tra i suoi giochi. Quanto vi divertivate insieme e quanti indovinelli le insegnasti:

La fila di fratini bianchi
C'è una fila di fratini
tutti bianchi e piccolini;
stanno sempre a chiaccherare
od a ridere e mangiare.
Mi sai dire cosa sono?

Ve-lo dico

Velo ve lo dico,
ve lo torno a replicare,
un asino sarete se
non lo saprete indovinare.

Una tira l'altra

Siamo tante siam sorelle,
luccicanti, rosse e belle.
Qui ci vuole gente scaltra
perché l'una tira l'altra.
Della frutta siamo egregie,
ci chiamiamo le.

Un solo occhio e un fine codino

Ho un occhio solo ed un codino fin;
passo e ripasso per lo stradino;
ed ogni volta si accorcia il mio codino.

Il cielo ti ha permesso di vederla crescere fino all'età di sette anni., durante i quali tra visite di controllo periodiche e tantissimo ottimismo, le insegnasti a scrivere delle paroline e lei ha un'immagine netta di te, sebbene fosse molto piccola. Ti confesso che, quando la nostalgia ci coglie, ripercorriamo insieme quei giorni lieti. E ci capita di recitare ancora molte delle tue canzoncine quantunque ora sia cresciuta.

Colombina la messaggera

Colombina la messaggera cerca, cerca la Primavera

la più bella che ci sia me la voglio portare via.
Ecco qui che l'ha trovata, tutta bella incipriata
con le scarpe di cioccolata, Colombina vuol ballar.
E' la sera di Carnevale, Colombina vuol ballare
e si fece accompagnare da un vecchio Barbablù
che saresti proprio tu.

Ti ricorda con tanto affetto e non sai quanto le manchi e quanto sia stato difficile nasconderle la ragione della tua improvvisa dipartita.

Essendo ancora piccina, nel periodo in cui ti aggravasti, non capiva tante cose, ma sapeva che stavi molto male. Poi il giorno che moristi, il 25 agosto del 2005, ebbi come la sensazione che lei avesse intuito qualcosa, sebbene noi continuassimo a dirle che eri in ospedale e che ai bambini piccoli non è consentito stare accanto ai malati. Eppure lei continuava a cercarti. Si agitava e chiedeva con insistenza quando saresti tornata dall'ospedale. Mi ci vollero due settimane prima di riuscire a trovare la forza per annunciarle la triste verità.

Le dissi che eri andata in cielo perchè Gesù ti aveva voluto con sé quantunque in realtà, tu stessi sempre con noi e vedessi tutto quello che facevamo.

Non seppi consolarla e ti confesso, le parole che trovai non consolarono nemmeno me. Passammo dei momenti molto brutti e la tua assenza lasciò un vuoto che non riuscimmo a colmare nemmeno in parte. Ci mancavano quei momenti di ilarità in cui mi si riempiva il cuore soltanto nel vedervi giocare sul letto.

E suppongo che anche per te non sia stato facile doverti distaccare da lei e lasciarla senza nemmeno dirle una parola. Solo osservandovi insieme, si capiva quanto ti facesse bene stare in sua compagnia. Era la tua boccata d' aria pura e la tua gioia più grande insieme con le altre nipotine che vivevano lontane.

Ritornando con la mente a quel passato e analizzando i tuoi comportamenti ho capito che le feste e i balli non ti hanno mai divertita. Amavi piuttosto badare alle bimbe con le quali giocavi come se tu stessa fossi stata ancora una bimba.

Adoravi stare con loro quando la distanza e il tempo te ne davano l'opportunità.

Ricordi la più grande delle tue nipotine dirti: " vieni nonna giochiamo al dottore?

Scopri la pancia, ti faccio la puntura!" Ti aveva visto fare le chemio lei e quindi, avrebbe voluto tanto aiutarti e curarti. E ricordi l'altra che ti chiamava: "nonna dai, vieni a giocare con me; vestiamo le bambole?" Quanto vi divertivate insieme. Era bello vedervi ridere e godere di ogni piccolo momento. Lasciavi tutto, quello in cui eri occupata e correvi a sdraiarti sul letto per accontentarle. In realtà non le accontentavi, volevi farlo perchè ti rendeva felice. Prendevi la loro manina e poi facendo dei cerchi concentrici nel piccolo palmo con il tuo indice destro iniziavi:

in una fontanella c'e' una paperella,
il pollice l'acchiappò
l'indice la spennò
il medio la cucinò
l'anulare la mangiò
e disse il mignolino:a me niente che sono piccolino???

Quello per te, contava più di ogni altra cosa. Nulla ti appagava di più e niente e nessuno poteva sostituire l'amore che ti legava ai tuoi "raggi di sole". Non vivevi che per loro e per amore facesti di tutto.

Sebbene avessi avuto una ricaduta e fosti spossata dalle chemio trascorrevi delle ore con le piccole sul balcone o sotto il portico. Facevi far loro il girotondo sulle note di 'Oh che bel castello':

"Oh che bel castello marcondiro ndiro ndello,
oh che bel castello marcondiro ndiro ndà"
"Il mio è ancora più bello marcondiro ndiro ndello,
il mio è ancora più bello marcondiro ndiro ndà"
"E noi lo ruberemo marcondiro ndiro ndello,
e noi lo ruberemo marcondiro ndiro ndà"
"E noi lo rifaremo marcondiro ndiro ndello,
e noi lo rifaremo marcondiro ndiro ndà"
"E noi lo bruceremo marcondiro ndiro ndello,
e noi lo bruceremo marcondiro ndiro ndà"
"E noi lo spegneremo marcondiro ndiro ndello,
e noi lo spegneremo marcondiro ndiro ndà"
"Sparerem cannoni marcondiro ndiro ndello,
Sparerem cannoni marcondiro ndiro ndà"
"Spareremo i razzi marcondiro ndiro ndello,
Spareremo i razzi marcondiro ndiro ndà"

Bastava guardarti per capire il tipo di persona che eri, limpida come l'acqua di un ruscello. Disarmavi con la tua semplicità e con il tuo sorriso riscaldavi il cuore. Forse non ti ho detto abbastanza quanto bene ti voglio e ciò che rappresenti nella mia vita e in quella di mia figlia. Solo adesso che non ci sei più, mi rendo conto di quanto sia sempre stata importante ed insostituibile la tua presenza. Ci hai amate di un amore puro, generoso, unico. Non sei stata una mamma prevaricatrice e ancor meno gelosa. Ci hai lasciate crescere e sbagliare.

Hai permesso che spiccassimo il volo e che andassimo per la nostra strada e ragionassimo con la nostra testa. E noi abbiamo lasciato il nido con la sicurezza che il tuo sguardo amorevole ci seguisse da lontano.

Ti sovvieni ancora della dedica che facesti a noi figlie, per la festa della mamma?

È crescendo e divenendo genitori a nostra volta, che siamo riuscite a capire il valore vero e impareggiabile del tuo ruolo.

Abbiamo compreso l'immenso ed incalcolabile lavoro che hai svolto in famiglia e fuori casa.

Non hai mai fatto pesare quello che facevi per noi e ci hai sempre dato tutto senza chiedere niente in cambio. Solamente ora che non ci sei più mi pento di non averti dimostrato di più la mia riconoscenza.

Presa dai miei problemi adolescenziali prima e di giovane donna dopo, ho il rimpianto di non averti ringraziato sufficientemente per tutto quello che mi hai donato.

PER LA FESTA DELLA MAMMA

QUESTE PAROLE ESCONO DAL CUORE PER I MIEI FIGLI
ADORATI:
STANOTTE PASSANDOMI ACCANTO, MI DISSE IL BAMBINO
GESU',
FELICE QUEL BIMBO CHE VIVE PROTETTO DA UN ANGELO PIO
O FIGLI QUELL'ANGELO SONO IO O FIGLI QUEGLI ANGELI SIETE
VOI
PERCHE' SIETE MADRI DI TRE
RAGGI DI SOLE.

LA VOSTRA MAMMA

PER LA FEsta delle
mamme queste parole
escono del cuore fra
i miei figli adormiti
stanotte passandomi
accanto mi disse il
Bambino Gesù felice
quel bimbo che vive
protetto da un
Angelo Pio o figli
quell'Angelo sono
io o figli Angeli siete
voi perchè siete
di tre raggi di sole
la vostra Mamma

LA VITA È DONO

Acqua di fiume che corri al mare

già nell'infanzia verde e lontana

tu mi cantavi una dolce canzone

"La vita e' dono".

Sono passate cento stagioni

il tuo messaggio non è mutato.

Nell'ora grigia della bufera

lo sento ancora cantarmi in cuore

"La vita e' dono".

"Sono il fanciullo dell'età lontana..."

A.S. Novaro da Il Piccolo Orfeo

Con l'età ho capito tante cose e ho imparato a mie spese quanto sia sbagliato essere avari nel dimostrare i sentimenti che proviamo per gli altri. È per codesta ragione che ho deciso di scriverti e di confessarti tutte le cose che sono rimaste celate per troppo tempo nelle segrete del mio cuore. Questo racconto è soprattutto uno sfogo dell'anima, un dialogo con te che non ci sei più. Mi permette di dirti le cose che non ti ho mai detto e quelle che non ho avuto il tempo di dirti.

Voglio parlarti, rivelarti i miei pensieri più intimi, la tristezza che mi coglie quando mi rendo conto che non sei con noi e che non posso sentire la tua voce. La nostalgia che mi afferra quando sfoglio le tue foto o guardo una vecchia videocassetta nella quale ci sei anche tu. Mi capita di annusare ancora l'odore dei tuoi vecchi indumenti. Sai, è strano però dopo anni conservano ancora il tuo profumo e mi permettono di sentire la tua vicinanza. Ma non immagini la tenerezza che mi ha invaso il giorno in cui, frugando tra le mie cose, ho scorto alcuni tuoi disegni.

Ebbene come puoi vedere, si tratta proprio dei disegni che facesti quando seduta accanto a me, ti divertivi a fare gli *scarabocchi*, con la mia scatola di colori. Sono esattamente come li hai lasciati e li custodisco gelosamente. Ne hai fatti diversi e tutti ugualmenti unici e belli. In quel momento, tenendoli tra le mani, mi sono tornate in mente le tue parole. Mi sovvengo benissimo di quel giorno in cui mi dicesti: "Perchè non scrivi un libro?

Perchè non racconti della mia storia, della mia infanzia, della vita d'emigrante, delle cose che sono accadute?"

Mi avevi fatto quella domanda a bruciapelo. Ricordo anche di essermi messa a ridere perchè mi pareva una cosa impossibile, irrealizzabile. Effettivamente, a pensarci bene, non mi sarei lontanamente immaginata di scoprire in me la forza e il coraggio di scrivere. E non avrei creduto possibile trattare delle nostre vicende così liberamente, apertamente.

Ho riflettuto tanto prima di decidermi ed è solo adesso che ho avvertito l'impellento bisogno di aprirmi. Probabilmente, era giunto il momento che da tempo aspettavo.

Avevo cercato lo stimolo giusto per iniziare. Eppure in questi anni e in diverse occasioni, con i tuoi disegni in mano, ho avuto spesso la voglia di raccontare di te, di come hai vissuto, delle cose che hai fatto e dell'amore che ci hai dato. Ma, dopo aver scritto qualche pagina, mi bloccavo ed ero costretta a mettere da parte il progetto. Esitavo giacché, non mi ritenevo all'altezza di poter affrontare argomenti tanto delicati e personali. Mi sembrava di invadere la tua privacy.

Di svelare vicende che appartenevano solo a te. Poi, mesi or sono, mi sono soffermata a riflettere sulle tue parole.

Rammento esattamente quello che mi dicesti.

"Perchè non scrivi un libro su di me?" Eri tu che me lo avevi chiesto.

Ho ritenuto importante sottolinearlo, perchè credo che non sarei, di certo, riuscita a farlo di mia iniziativa. A distanza di anni dal giorno in cui me lo chiedesti, ho deciso di narrare la storia della tua vita. Ho cercato di prendere le dovute distanze nella narrazione per timore di invadere la sfera più intima ed ho preferito citare le vicende più salienti.

Il mio desiderio era quello di raccontarti e di descriverti nel modo in cui ti ho sempre vista non aggiungendo nulla di più alla persona speciale che sei sempre stata. Ti ho calato nel tuo mondo e tra i tuoi fiori perchè so che li hai tanto amati. Quasi sicuramente, avrei dovuto enfatizzare di più il valore simbolico del tuo ruolo materno e chiedo scusa se non vi sono riuscita.

Quel che per me conta maggiormente, è che il filo conduttore del racconto sia l'immagine di una donna forte e semplice, piena di umiltà e di coraggio che ha lottato con tutte le sue forze per la sua famiglia e non si è arresa mai davanti alle avversità della vita.

Ancorandomi a questi principi e mettendoci un po' d'impegno, ho superato ogni remora ed esitazione ed ho preso carta e penna, perchè tu hai creduto in me e sei tu Mamma, che me lo hai chiesto e mi hai incoraggiata a farlo. Credo sia importante parlare di figure come la tua affinché resti traccia del tuo percorso e del tuo esempio. La tua vita è una testimonianza che merita di essere ricordata. I tuoi sacrifici, il conflitto mondiale e la diaspora fanno parte di un patrimonio culturale che deve essere tramandato affinché le future generazioni non dimentichino.

Queste sono le ragioni per le quali ho deciso di scrivere e di raccontare la tua storia.

È stata innanzitutto un'esigenza ed un atto dovuto alla tua memoria parlare della tua vita non facile e di come hai lottato contro una bestia ancor più cattiva e crudele della guerra e dell'emigrazione.

L'intervento devastante ha deturpato il tuo essere donna e poi le cure invasive ti hanno ridotto ai minimi termini. Fu a fine agosto del 1995 e tornavi dal viaggio a Fatima, ricordi? Ed eri cambiata. Pallida e con i tratti del viso più tirati del solito. Eri dimagrita e continuavi a dimagrire di giorno in giorno ma non vi davi molta attenzione. Stavi portando delle pizze appena sfornate ai vicina di casa e mentre ti avviavi verso casa loro, vidi che facevi fatica nel camminare. Era evidente che soffrivi per il dolore. Al tuo rientro ti chiesi: "mamma cosa c'è? Non stai bene? Perchè cammini in quel modo, hai male alle gambe?"

A quel punto i tuoi occhi si riempirono di tristezza, e mi portasti nella tua stanza e mi mostrasti il tuo seno.

Un capezzolo era rientrato completatmente e parte della mammella era coperta da un brutto ematoma.

Ricordo benissimo, erano i primi di ottobre e fu un momento terribile. "Papà lo sa?" chiesi terrorizzata. "Non preoccuparti non è niente, passerà", mi dicesti cercando di rassicurarmi.

Perché dicevi sempre 'passerà'? Perché?

Da quel momento iniziò il tuo calvario e con il tuo, il nostro. La mastectomia d'urgenza e poi le chemio e la radioterapia. Nonostante tutto e le avversità di un destino non troppo generoso, hai combattuto sempre come un leone. Dovevi resistere altrimenti non avresti conosciuto e visto crescere le tue nipotine.

Ricordi la dottoressa del 'Bordet', la clinica di Bruxelles nella quale ti operasti, quanti mesi di vita ti diede? A parer dei medici, durante l'intervento, ti restavano poco più o poco meno di tre mesi. Ma tu, come Napoleone non potevi soccombere, era troppa la tua voglia di vivere e di amare.

5 - 3 - 78

Ricordi Ivana,

un giorno colsi una povera piantina e tu mi dicesti: "Mamma, perchè la lasci morire?".
Guarda, bambina mia, da quella povera piantina, oggi è nata una rosa, una rosa rossa, bella, e robusta, rivestita di fresco fogliame; ha acceso la sua fiammella di gioia, in cima al più alto ramo.
Vedi, Ivana, basta sperare...
sperare nel bene che fiorisce in mezzo al dolore,
nella gioia che vien dalle pene,
nell'amore che vien dai cuori.

La tua Mamma

Così, dopo una fantastica ripresa, che è durata circa cinque anni, hai avuto la ricaduta e anche là non potevi lasciarti andare, le nipotine piccole avevano bisogno della tua presenza. Ti sottoponesti ad altre chemio e tenesti duro per altri cinque anni ancora, prova di una battaglia senza confini per la vita, per l'amore delle persone care. Gli ultimi mesi furono terrribili. Avevi un versamento pleurico e sebbene non mangiassi più nulla, diventavi sempre più gonfia. Un pugno di pastina a mezzogiorno e poi di nuovo la sera, mentre nulla di solido riuscivi più a deglutire.

I farmaci già da un po' avevano smesso di fare effetto e i valori tumorali, che erano il nostro terrore e supplizio non facevano altro che aumentare. Ogni quindici giorni e poi tutte le settimane dovevi ripetere le analisi del sangue ed i famigerati marcatori CA 15-3 ormai avevano raggiunto livelli di non ritorno. Non li guardavo più. Li odiavo!

Ti vedevo rimpicciolire, impallidire e sparire di giorno in giorno, impotente, inerme, disperata. L'aria e il liquido che comprimevano i polmoni non ti facevano più respirare e il dolore era insopportabile. La notte, rammenti dormivamo insieme io e te e tenevamo la finestra aperta affinchè potessi respirare meglio. Quando la pressione sul petto diventava insopportabile e ti sentivi soffocare, anche perché faceva caldo, dovevamo portarti d'urgenza in oncologia per praticarti la toracentesi.

Era necessario applicare quella tecnica per drenare e togliere l'acqua che ti opprimeva i polmoni. Ogni due o tre giorni, il versamento pleurico ci riconduceva in ospedale. Poiché, sebbene fosse aspirato con la siringa e in grandi quantità, quel liquido si ripresentava più subdolo ed insidioso di prima. Era un incubo e non capivamo come fosse possibile che si riformasse in così breve tempo. Ricordo quella mattina, di fine luglio in cui la sacca piena di quel siero giallognolo aveva raggiunto i sei litri. Poi, stanca di entrare ed uscire dal reparto di Oncologia di Paola, non ce la facesti più.

Estenuata e priva di forze, ti sei arresa per stanchezza e non per rifiuto. Voglio precisare che il tuo soccombere al male non è sinonimo di una sconfitta.

Tu non sei stata sconfitta dalla malattia bensì hai semplicemente accettato la fine della tua vita terrena che non preclude l'inizio di una vita spirituale e di una beatitudine eterna. Fu questa fede che ti sorresse sempre.

Ricordi quell'ultima settimana in cui fummo costretti a ricoverarti? Non mangiavi più e dovettero alimentarti con le flebo. Non avevi più voluto restare a casa in quanto stavi troppo male e dicemmo all'infermiera di non venire più a domicilio. In ospedale, il personale medico poteva monitorarti giorno e notte. Ti lamentavi perchè soffrivi tantissimo. In seguito, il dolore divenne insopportabile ed iniziarono con il somministrarti la morfina.

Per un attimo avemmo come l'impressione che il dolore fosse diventato più sopportabile e che stavi un po' meglio, invece non era così. Quello in realtà, non fu che l'inizio della fine. Da quel giorno non facesti altro che dormire. Eri in uno stato confusionale spaventoso e quando parlavi non si capivano più le parole.

Dopo quell'agonia arrivò il momento. Quel pomeriggio dalla finestra aperta dell'ospedale entrò una colomba che venne a posarsi sul davanzale. Stette lì immobile, attenta e ferma a guardarti e a sorvegliare la stanza.

Pensammo che fosse strano. Ma tu già sapevi che era venuta a prenderti. Sdraiata nel tuo letto e sebbene non fossi molto cosciente di quello che ti capitava intorno, ti accorgesti di lei e la guardasti. In quel momento vi parlaste, sono sicura che parlasti con lei. Cosa le dicesti non lo so, tuttavia capimmo che eri pronta. Senza paura e senza curarsi delle persone che si muovevano nella camera, quella colomba aspettava qualcosa, non so forse un gesto, poi senza scomporsi spiccò il volo. Proprio come la colomba nella canzone di cui ripetevi spesso il ritornello:

Vola, colomba bianca, vola,
diglielo tu che tornerò.
Dille che non sarà più sola
e che mai più la lascerò.

Ora sei lassù e ci guardi. Come un angelo vegli su di noi e sei sempre vigilante, lo so. Sebbene non ti veda, sento la tua dolce presenza e la tua mano rassicurante. Ricordi quando da neonata avevo bisogno della tua mano sul mio volto per riuscire ad addormentarmi?

Non c'era bisogno di cullarmi o di cantarmi la ninna nanna. La tua mano pesante e calda, tenera e ruvida, screpolata dalle fatiche, era tutto quello di cui avevo bisogno. Quando, a causa delle faccende domestiche non potevi prendermi in braccio e piangevo nella culla, dicevi: " Sentite che piange? Mettetele un palmo sul viso, così si addormenta". Ma io riconoscevo l'odore della tua pelle e il tatto della tua mano e solo tu riuscivi a calmarmi.

Talvolta, quando nei miei momenti di solitudine ti parlo, avrei bisogno di sentire il contatto sul mio volto.

Vorrei che tu mi rispondessi. È il calore delle tue parole che mi manca tanto e mi manca soprattutto la dolcezza della tua voce. I tuoi occhi teneri hanno brillato sempre come un faro, come un porto sicuro per me e per le persone che ti hanno amata.

Voglio dirti grazie per l'immensa pazienza che hai sempre dimostrato, per le innumerevoli volte che da buona mamma mi hai perdonata, per la devozione con la quale mi hai cresciuta e l'amore che mi hai donato.

Non esistono parole per descrivere quanto hai fatto per me, per noi. Te ne stavi andando in punta di piedi ed io non lo avevo capito, non volevo capirlo. Mi rifiutavo di accettarlo, non potevo lasciarti andare. Purtroppo tu soffrivi immensamente e non avevi certamente bisogno di qualcuno che ostacolasse la tua dipartita.

Ti accingevi a lasciare le cose di questa terra e avevi bisogno di persone che ti aiutassero ad andare e non a restare.

Nei tuoi silenzi, nascondevi molti patimenti e tacevi quelli che erano i tuoi sentimenti, eri stanca degli affanni e non chiedevi altro che di poter finalmente riposare. Era giunta l'ora e tu dovevi prepararti a lasciarci mentre io ti tenevo legata a me, alla vita terrena, con la mia ostinazione e le mie lacrime.

Poi venne il momento in cui la mia sorella maggiore mi disse, "non trattenerla oltre. Lasciala andare". Ed io mi sono resa conto del mio egoismo. Ho capito che non era giusto, che era crudele soffrire, vedendoti soffrire. Ho pregato tanto il Signore affinché mi perdonasse e ti accogliesse e ho chiesto che avesse tanta Misericordia per te che partivi e per me che restavo. Voglio chiederti perdono per non averlo fatto prima. A te Napoleone, perla preziosa, fonte di tenerezza, tesoro immenso, cuore di mamma, chiedo perdono e dico grazie perché non mi hai giudicata, ma in silenzio hai sopportato.

NEL GIARDINO FIORITO

Vorrei concludere il mio racconto ricordando l'ultimo periodo della tua vita, prima che il tumore ti portasse via. Ormai anziana, ti occupavi esclusivamente delle piante del nostro giardino: era il tuo solo hobby.

Sebbene abitassimo ad un centinaio di metri dalla costa, non ti è mai passato per la testa di scendere in spiaggia. E il solo pensiero di sdraiarti al sole sulla riva o di fare un bagno, ti infastidiva, anzi ti ha sempre infastidita. Se qualcuno ti avesse chiesto se tu preferissi vivere in centro città o al mare o in campagna, non avrei avuto alcun dubbio sulla scelta che avresti fatto. I monti e i paesaggi sconfinati, che si estendevano fino al sorgere del sole e che solo il canto degli uccelli riempiva con i suoi suoni melodiosi, ti furono sempre molto cari. Fino all'ultimo giorno della tua esistenza, abitasti sul litorale tirrenico eppure, quel mare che scorgevi dal balcone, lo salutasti soltanto con la mano. Io, se fossi stata al tuo posto, mi sarei persa volentieri in quelle sconfinate acque che ogni sera abbracciavano il sole calante. Per me quella massa azzurra che si fondeva con il fuoco rosso del tramonto era di una bellezza ineguagliabile, ma tu avevi ben altri termini di paragone.

Ricordi quella volta, quando la malattia era ancora lontana ed andammo al porto e io cercai di insegnarti a nuotare? Fu un'impresa quella! Che paura! Finimmo quasi per annegare. Penso di non aver mai bevuto tanta acqua salata prima di allora.

Non era un'avversione nei confronti del mare, con esso avevi un rapporto distaccato, cordiale sebbene molto molto distante. Non era il tuo elemento, tutto qui. A te interessavano solo gli alberi, le piante.

Ti osservavo mentre la mattina scendevi in giardino e accudivi amorevolmente alle rose, ai gerani, agli ibiscus. Il viale di casa ne era pieno. Era stato papà a piantare tutti quei fiori e ce n'era una grande varietà. Vi erano narcisi, calle, iris, dalie, margherite e violette. Gladioli e tulipani, quantunque si intravedessero anche delle innumerevoli specie di piante grasse.

Belle, erano diventate enormi e in estate sbocciavano offrendo allo sguardo attento fiori straordinari e dai colori accesi. Ai due lati dell'entrata due palme giganti si regalavano alla vista dei passanti, che le ammiravano dal cancello. E delle coloratissime bouganville, dalla strada arrivavano fin sotto al portico formando un arco. Vi erano le passiflore, poi la datura e gli anemoni. La passione per le piante l'avevi sempre condivisa con il babbo e mentre lui si dilettava nel riempire il giardino di nuove creature, tu adoravi, insieme con lui, tenerlo in ordine. Ricordi quando, ancora in buona salute, ti mettevi a togliere le erbacce?

Era un piacevole diversivo che ti permetteva di restare in contatto costante con il mondo rurale dal quale provenivi e al quale saresti sempre appartenuta.

Tenevi particolarmente ad avere sempre fiori freschi in casa e quando la stagione ne era priva, ricorrevi alla fioraia del paese.

Vedendoti arrivare lei sapeva già la ragione per la quale eri là. Sorridendo ti salutava e poi ti chiedeva: "Salve Signora, sono per casa o per la chiesa?" Già la Madonnina era un pensiero fisso. E un bouquet acquistato o raccolto da te nel nostro giardino, abbelliva costantemente la nicchia che avevi disposto vicino all'ingresso di casa. Te lo aveva costruito in cemento armato un artigiano e amico di famiglia, quel piccolo ciborio. Con la struttura a forma di tronchi intrecciati era stato, per l'appunto, dipinto con le varie sfumature del marrone. Era fatto talmente bene, da sembrare vero.

Vedendolo da lontano, pareva proprio di legno. All'interno di quella bella nicchia avevi posato la statuetta della madonna in terracotta, tutta bianca e ai piedi un lumino sempre acceso. Al lato destro e sinistro della Madonnina tenevi dei piccoli vasi che riempivi con i fiori appena recisi. Persino quando, ormai costretta a restare a letto da quella brutta malattia, non potevi occupartene più personalmente, ti assicuravi che io avessi sostituito l'acqua nei vasi e che avessi messo qualche fiorellino fresco.

Cara mamma il giardino c'è ancora, purtroppo tu non ci sei più per prendertene cura. Sei partita in punta di piedi e senza disturbare nessuno. Con la stessa discrezione che ti ha contraddistinto durante tutta la vita, te ne sei andata. Senza fare troppo rumore, perché a te non è mai piaciuto il rumore.

Quanta sofferenza e quanto dolore nel tuo cuore, ciò nondimeno non ti sei mai arresa. Non hai permesso, nemmeno nei momenti più cupi, che la disperazione avesse il sopravvento. Eppure, prove ne hai affrontate parecchie.

Sei stata umile, saggia, un bell'esempio di bontà e di umanità per tutti noi. Forte come una roccia, dolce e profumata come il pane e le belle torte che con grande dedizione preparavi nel vecchio forno. Quel che per te contava è che ognuno di noi, stesse bene. Noi figlie e nipoti eravamo il tuo chiodo fisso e recitavi il rosario per ciascuna, tutte le sere affinché nulla di male ci arrivasse. Hai sempre avuto una relazione particolare con i santi e con Dio ed una devozione particolare per la Madonna. Nelle tue preghiere, ci consacravi ogni giorno al suo Cuore Immacolato a San Giuseppe e a San Michele in quanto ci avrebbero protette da ogni pericolo. Avevi un attenzione particolare per il buon Sant'Antonio da Padova, dove andasti in pellegrinaggio quando tua nipote era malata. Non tornasti a mani vuote da quel viaggio cara mamma e ancora oggi te ne sono grata.

Ricordi le novene fatte a Santa Rita? Padre Pio entrò in un secondo tempo nella tua vita.

Ne avevi sentito parlare in televisione e poi una parente, che lo venerava molto, aveva assistito in piazza, alla sua beatificazione avvenuta il 2 maggio del 1999. Tornata da quel pellegrinaggio, ti aveva recato in dono un foulard e una immagine del santo. Ricordi il giorno in cui passando accanto al comodino dove avevi posto una sua figurina, sentisti uno strano profumo? Passai trenta volta in quel medesimo punto quel giorno e quelli seguenti ma io, il profumo non l'ho mai sentito. Fu uno strano episodio di cui mi rammento ancora oggi e che mi fa riflettere sulla persona che sei sempre stata. Mi capitava di vederti digiunare tutti i venerdì ancorché le prime volte non ne capissi la ragione. Il fatto che si ripetessero nel tempo quei venerdì, mi fece intuire che stessi facendo delle penitenze.

Offrivi i tuoi fioretti in cambio di qualcosa che avevi chiesto quantunque non ne facessi vanto.

Ti indisponeva parlarne, ecco tutto. Ti astenevi dal mangiare la carne, talvolta non bevevi per tutta la giornata eppure conservavi ugualmente il tuo splendido sorriso. Non ti pesavano quei sacrifici che offrivi con amore, perché tutta la tua vita é stata offerta con amore.

Ci tenevi a fare la comunione, però quando ti era impossibile andare a messa, soprattutto nell'ultimo periodo, il diacono e il sacerdote venivano a casa. Con un grande sorriso eri pronta ad accoglierli e ben lieta di ricevere l'ostia. So che il tuo rapporto con il Signore è stato speciale e che la tua fede è stata messa duramente alla prova.

A dispetto di questo, non hai ceduto alla disperazione e non hai mai smesso di credere nel Signore e nella Provvidenza.

Nei momenti bui e tristi, quando lo sconforto mi assaliva e temevo per la tua vita, fosti tu a darmi la forza di andare avanti, invece di essere io a sostenerti. "Non preoccuparti, e abbi fede, ce la farò vedrai" mi dicevi con tenacia.

Come dicesti bene in una delle tue dediche, la vita è come un roseto. Le rose belle e vivaci che sbocciano e splendono come fiammelle in cima ai forti rami sono gli amori e le gioie che incontriamo. L'importante è conservare sempre e comunque la fede. Giacché, il bene è in grado di fiorire anche in mezzo al dolore e quando meno ce lo immaginiamo. Dobbiamo insistere e non arrenderci per nessuna ragione al mondo. Se continueremo a credere e a sperare nel trionfo del bene, quest'ultimo saprà far fiorire la gioia, che viene dalle pene, persino tra le spine; segno supremo della sofferenza e del dolore.

È chiaro che la tua fede incrollabile l'avevi costruita sulla roccia e non sulla sabbia che l'onda arriva e porta via.

Ora capisco da dove traevi tutta la tua energia. Eri serena e non hai temuto per la tua sorte. Mi verrebbe da dire che non hai avuto paura della morte perché amavi troppo vivere. Hai amato la vita in quanto dono di Dio e l'hai rispettata fino all'ultimo respiro.

Hai sofferto tanto e lottato per migliorare le cose che non andavano per il verso giusto e quando l'impresa divenne ardua o impossibile, hai sempre accettato con umiltà quello che non potevi cambiare.

Con il tuo esempio, ci hai indicato la via e con la tua lotta, hai dimostrato che la morte non è invincibile.

Tu, sei sempre stata il nostro rifugio sicuro, la nostra oasi di pace. E tra le tue braccia siamo accorse quando eravamo nello sgomento e sofferenti. Ci sei stata accanto.

Non ci hai mai negato il tuo supporto e non ci hai abbandonato nemmeno per un momento. Anzi, ci hai incoraggiate a non disperare.

Quel tuo sorriso immenso come il mare era rassicurante, era come una carezza. I tuoi occhi dolci mamma li ho sempre in mente, sono dinanzi a me. Guardo la tua immagine e mi perdo in quello sguardo amorevole e sereno.

INDICE

CI VUOLE COSÌ POCO 5

PREFAZIONE 11

LE TUE VECCHIE FILASTROCCHE 17

QUELLA SCATOLA DI COLORI 25

UNA VITA TRA I CAMPI 33

LA DIASPORA DEL DOPOGUERRA 39

CON UNA VALIGIA DI CARTONE 43

IL GIARDINO COI CILIEGI 47

UNA VITA SPESA PER AMORE 59

LA NOSTRA NAPOLEONE 65

NEL GIARDINO FIORITO 89

www.ingramcontent.com/pod-product-compliance
Lightning Source LLC
Chambersburg PA
CBHW041529220426
43671CB00002B/27